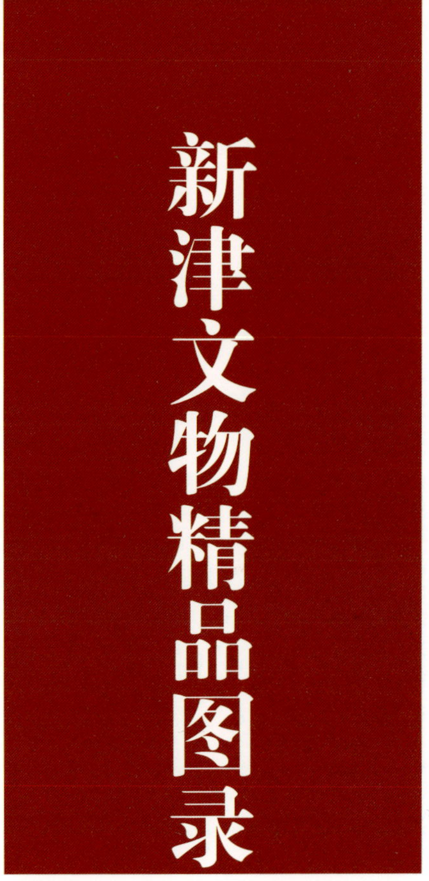

新津县文化体育和旅游局
新津县政协文史委

CATALOGUE OF PRECIOUS CULTURAL RELICS IN XIN JIN

BUREAU OF CULTURE, SPORT AND TOURSIM OF XIN JIN COUNTY
THE LITERATURE AND HISTORY COMMITTEE OF THE CPPCC OF XIN JIN COUNTY

巴蜀书社

图书在版编目（CIP）数据

新津文物精品图录 / 新津县文化体育和旅游局，新津县政协文史委编 .—— 成都：巴蜀书社，2018.8

ISBN 978-7-5531-1021-9

I. ①新… II. ①新… ②新… III. ①文物 – 新津县 – 图录 IV. ① K872.714.2

中国版本图书馆 CIP 数据核字（2018）第 172261 号

新津文物精品图录　新津县文化体育和旅游局　新津县政协文史委　编

责任编辑　张裕闻　田苗苗
摄　　影　刘　淼
封面题签　刘长久
封面设计　刘长久
装帧设计　刘长久
出　　版　巴蜀书社
　　　　　成都市槐树街 2 号　邮编 610031
　　　　　总编室电话：（028）86259397
网　　址　www.bsbook.com
发　　行　巴蜀书社
　　　　　发行科电话：（028）86259422　86259423
经　　销　新华书店
照　　排　成都完美科技有限责任公司
印　　刷　成都市金雅迪彩色印刷有限公司
版　　次　2019 年 4 月第 1 版
印　　次　2019 年 4 月第 1 次印刷
成品尺寸　210mm × 285mm
印　　张　18
书　　号　ISBN 978-7-5531-1021-9
定　　价　385.00 元

编纂委员会

主　任

钟静远　蒋　莉

副主任

贺恩洪　叶尚敏　张　宁

主　编

蔡光根　杨　黎

副主编

张　科　张　萍

执行主编

喻　红　颜　斌　耿庆哲

编　委

郑　卫　罗媛利　王川志

干倩倩　陈晶晶　马　萌

新津，平畴沃野，山水相依，历史悠久，人文厚重，拥有4500年的文明史、一千四百六十多年的建县史，素有“蓉城南路第一景，川西名胜上河图”的美誉。四千五百多年前，古蜀先民生活、繁衍于此，孕育了优秀的宝墩文明。自秦始皇统一六国后，朝代更迭，各个时代行政建制不一，新津曾分属蜀郡、犍为郡、武阳县、益州、蜀州、唐安郡、崇庆府、崇庆州、成都府、温江专区、眉山专区、成都市等，历经灿烂的古蜀文明、汉唐盛世、明清繁华及近现代的多种文明交融，文脉浩荡，相续传承至今。

四千多年来，历史和文化的甘露，滋润着新津这片美丽富饶的大地。淳朴善良、勤劳智慧的新津人民代代创造，世世传咏，积淀下信息丰富和价值丰厚的历史文物，形成了灿烂绚丽、特色鲜明的地域文化，散发着“蜀风津韵”的芳香。这些文化珍品是“创新创造、优雅时尚、乐观包容、友善公益”的天府文化之重要组成部分，是新津城市悠久历史的见证，也是建设文化强县服务经济社会发展的重要支撑。

新津县馆藏文物共1164件（套），三级以上珍贵文物共328件（套），一般文物共512件（套），未定级文物共324件（套）。其中一级文物3件（套）、二级文物23件（套），三级文物302件（套）。新津馆藏文物涵盖瓷器、绘画、雕塑、石刻、石器、书法、陶器、铁器、铜器、砖瓦等诸多文物种类，尤以书画为大宗，以汉画像最有特色。这些精美文物，从历史、文化、政治、经济、民俗、宗教等方面反映了不同历史时期新津区域的文化发展状况，代表着不同历史时期新津的地域文化特色。

为贯彻落实习近平总书记“让收藏在博物馆里的文物活起来”的重要指示，全面加强文物保护利用和文化遗产保护传承，在四川博物院、成都市博物馆的大力支持下，新津县文化体育和旅游局、新津县政协文史委遴选新津精品文物，联合编印完成《新津文物精品图录》。本书共收录新津精美文物藏品263件（套），其中石器8件，铜器16件，陶器50件，汉画像石棺5件，汉画像砖17件，瓷器26件，书画141件（套）。本书的出版，是新津精品文物的第一次集中展示，是传承弘扬新津历史文化的重要举措，对于了解、认识和研究新津历史文化具有重要的参考价值。

编者

2018年10月

Xin Jin, a place which is always known as "the best landscape on the South Road of Chengdu; the wonderful painting in the west of Sichuan", has fertile plains, majestic mountains, beautiful rivers as well as an age-old history. More than 4500 years ago, ancient Shu people started to live and multipy on this land, created the excellent Bao Dun Civilization. Xin Jin has a long history of more than 1460 years. Qin Shi Huang defeated the other six countries and created a unified empire. Since then, due to changes of dynasties and administrative systems, Xin Jin successively belonged to Shu Jun, Qian Wei Jun, Wu Yang Country, Yi Zhou, Shu Zhou, Tang 'An Jun, Chung Qing Fu, Chung Qing Zhou, Cheng Du Fu, Wen Jiang District, Mei Shan District, Cheng Du City, etc. Handing down from the splendid civilization of ancient Shu, the golden age of Han and Tang, the flourishment in the Ming and Qing, the integration of multiply cultures in modern times, today's Xin Jin inherits a rich and profound culture.

Over the past four thousand years, the sweet dew of history and culture moistened Xin Jin. Generation to generation, the honest, kindhearted, industrious and intelligent Xin Jin people left us a plentiful accumulation of historical relics which are informative and rarity. These relics represent the distinctive local culture, spreading the fragrance of this culture. These precious relics is an important part of the Tianfu culture, which is interpreted as "Innovation and creation, grace and fashion, optimism and tolerance, kindness and public benefits". They are the witnesses of the city's long history. They are also an important support to the construction of local culture as well as the development of local economy and society.

So far, 1164 cultural relics have been preserved at museums in Xin Jin. There're 328 precious relics (3 first-level cultural relics, 23 second-level cultural relics, 302 third-level cultural relics), 512 ordinary cultural relics and 324 relics which haven't got the level classification. The category range of these relics is quite broad, including porcelain, painting, calligraphy, sculpture, Stone carving, stoneware, pottery, the iron, bronze ware, brick, and watts, etc. Among them, calligraphy and paintings occupy a large part, and the most distinctive relics are the pictorial stone of the Han Dynasty. These fascinating cultural relics reflect the history, culture, politics, economy, folk custom and religion of Xin Jin showing us the cultural characteristics in different historical periods from various aspects.

To conduct Secretary Xi Jinping's important instruction: "make the cultural relics close to people's daily life", we need to comprehensively strengthen the publicity and protection of cultural heritage and cultural relics. Under the support of Museum of Sichuan and Museum of Chengdu, Bureau of Culture, Sport and Tourism of Xin Jin County and the Literature and History Committee of the CPPCC of Xin Jin county has worked together to compile this collection, *Catalogue of Precious Cultural Relics in Xin Jin.* This book contains 263 precious cultural relics in Xin Jin, including 8 stone tools, 16 bronze wares, 50 pottery objects, 5 stone coffins for Chinese portraits, 17 Chinese painting bricks, 26 porcelain objects, and 141 calligraphy and paintings. This is the first time we could have a concentrated overview to the cultural relics of Xin Jin. This book is an important measure for inheriting and promoting the historical culture of Xin Jin,,and also a valuable reference for the understanding and research of the historical culture of Xin Jin.

August . 2018

石器篇
STONE TOOLS

双孔玉刀（正面）新石器时代晚期 026
Stone Blades with Twin Holes (Front), the Late Neolithic Age

双孔玉刀（背面）新石器时代晚期 026
Stone Blades with Twin Holes (Back), the Late Neolithic Age

端刃石凿 新石器时代晚期 027
Stone Chisel, the Late Neolithic Age

石锛（正面）新石器时代晚期 028
Stone Adze (Front), the Late Neolithic Age

石锛（背面）新石器时代晚期 028
Stone Adze (Back), the Late Neolithic Age

石锛 新石器时代晚期 029
Stone Adze, the Late Neolithic Age

石矛 新石器时代晚期 029
Stone Spear, the Late Neolithic Age

石翁仲像 东汉 031
Stone-Carving of Weng Zhong, the Eastern Han Dynasty

石翁仲像 东汉 031
Stone-Carving of Weng Zhong, the Eastern Han Dynasty

汉石羊 东汉 032
Stone-Carving of Sheep, the Eastern Han Dynasty

铜器篇
BRONZE WARE

兽面纹蝉纹铜觚 商代 034
Bronze Gu with Animal-and-cicada Mask Pattern, Shang Dynasty

铜剑 战国 035
Bronze Sword, Zhan Dynasty

铜矛 战国 035
Bronze Spear, Zhan Dynasty

铜刀 战国 035
Bronze Knife, Zhan Dynasty

铜斤 战国 036
Bronze Jin, Zhan Dynasty

铜钺 战国 036
Bronze Battle-axe, Zhan Dynasty

错银云纹铜方壶 战国 037
Bronze Hu Inlaid with Silver Decorated by Cloud Design, Zhan Dynasty

双耳铜釜 战国 038
Amphora-shaped Bronze Fu, Zhan Dynasty

双耳铜钟 东汉 039
Amphora-shaped Bronze Zhong, the Eastern Han Dynasty

双耳铜钟局部兽面耳 东汉 039
Details of the Amphora–shaped Bronze Zhong, the Eastern Han Dynasty

宣德铜炉 清仿 040
Xuande Furnace , Qing Dynasty

清仿宣德铜炉底款“大明宣德五年监督工部官宦吴邦左造” 040
Reign mark on the bottom of Xuande Furnace , “made in Ming Emperor Xuande Five Years by Gong Bu. Wu bang zao”, Qing Dynasty

双耳蕉叶兽面纹铜瓶 清仿 041
The Amphora-shaped Bronze Vase with Animal Mask Motif and Banana Leaf Design, Qing Dynasty

紫铜插瓶 清代 042
Bronze Vase, Qing Dynasty

铜釜 清代 043
Bronze Fu, Qing Dynasty

铜鼎式炉 清代 044
Bronze Lu, Qing Dynasty

关圣帝君铜坐像 清代 045
Bronze Statue of Guanyu, Qing Dynasty

玉清道院铜钟 民国 046
Bronze Zhong of the YU QING Taoist Temple, the Chinese Republic Era

陶器篇
POTTERY

陶宽沿平底尊 新石器时代晚期 048
Pottery Zun with Flat Bottom and Round Edge, the Late Neolithic Age

陶宽沿平底尊 新石器时代晚期 048
Pottery Zun with Flat Bottom and Round Edge, the Late Neolithic Age

陶敛口罐 新石器时代晚期 049
Pottery Jar with Contracting Mouth, the Late Neolithic Age

陶壶 新石器时代晚期 049
Pottery Hu, The Late Neolithic Age

陶敞口圈足尊 新石器时代晚期 050
Pottery Zun with Spreading Mouth Ring-foot, the Late Neolithic Age

灰陶盒 东汉 051
Grey Pottery Box, the Eastern Han Dynasty

双耳双腹陶盆 东汉 051
Amphora–shaped and Amphora-belly Pottery Basin, the Eastern Han Dynasty

灰陶盒 东汉 051
Grey Pottery Box, the Eastern Han Dynasty

灰陶井 东汉 052
Grey Pottery Well, the Eastern Han Dynasty

陶田 汉代 053
Grey Pottery Cultivated Land, Han Dynasty

陶女佣头 汉代 054
Pottery Figurine of a Female Servant's Head, Han Dynasty

陶劳动俑 东汉 055
Pottery Figurine of a Farmer, the Eastern Han Dynasty

陶执铲箕佣 东汉 056
Pottery Figurine of Servant, the Eastern Han Dynasty

陶抚耳俑 东汉 057
The Music-listening Pottery Figurine, the Eastern Han Dynasty i

陶说唱俑 东汉 058
Pottery Figurine of a Story-teller, the Eastern Han Dynasty

陶站立说唱俑 东汉 059
Pottery Figurine of a Standing Story-teller, the Eastern Han Dynasty

陶抚琴俑 东汉 060
Pottery Figurine of Playing the Zither, the Eastern Han Dynasty

陶庖厨俑 东汉 060
Pottery Figurine of Cook , the Eastern Han Dynasty

灰陶俑 东汉 061
Grey Pottery Figurine, the Eastern Han Dynasty

陶舞佣 东汉 062
Pottery Figurine of a Dancer, the Eastern Han Dynasty

陶抚琴俑 晋代 063
Pottery Figurine of Playing the Zither, Jin Dynasty

陶子母鸡 晋代 064
Pottery Hen and the Chicken, Jin Dynasty

谷仓罐 隋代 065
Model of Granary, Sui Dynasty

灰陶坐俑 北宋 066
A Sitting Grey Pottery Figurine, the Northern Song Dynasty

陶文官俑 北宋 067
Pottery Figurine of Civil Official, the Northern Song Dynast

陶文官俑 北宋 067
Pottery Figurine of Civil Official, the Northern Song Dynasty

陶文官俑 北宋 068
Pottery Figurine of Civil Official, the Northern Song Dynasty

陶文官俑 北宋 069
Pottery Figurine of Civil Official, the Northern Song Dynasty

陶文官俑 北宋 070
Pottery Figurine of Civil Official, the Northern Song Dynasty

陶文官俑 北宋 071
Pottery Figurine of Civil Official, the Northern Song Dynasty

陶文官俑 北宋 072
Pottery Figurine of Civil Official, the Northern Song Dynasty

陶文官俑 北宋 072
Pottery Figurine of Civil Official, the Northern Song Dynasty

陶文官俑 北宋 073
Pottery Figurine of Civil Official, the Northern Song Dynasty

陶文官俑 北宋 073
Pottery Figurine of Civil Official, the Northern Song Dynasty

陶老人俑 北宋 074
Pottery Figurine of an Old Person, the Northern Song Dynasty

陶文官俑 北宋 075
Pottery Figurine of Civil Official, the Northern Song Dynasty

陶匍匐俑 北宋 075
The Creeping Pottery Figurine, the Northern Song Dynasty

陶匍匐俑 北宋 075
The Creeping Pottery Figurine, the Northern Song Dynasty

陶牵马俑 北宋 076
Pottery Figurine Holding the Reins, the Northern Song Dynasty

陶牵马俑（右侧面）北宋 077
Pottery Figurine Holding the Rein(Right), the Northern Song Dynasty

陶牵马俑（左侧面）北宋 077
Pottery Figurine Holding the Rein(Left), the Northern Song Dynasty

陶男童俑 北宋 078
Pottery Figurine of a Boy, the Northern Song Dynasty

陶男童俑 北宋 079
Pottery Figurine of a Boy, the Northern Song Dynasty

陶女侍俑 北宋 080
Pottery Figurine of a Female Servant, the Northern Song Dynasty

陶人头蛇身俑 北宋 081
Pottery Figurine with Human Head and Snake Body, the Northern Song Dynasty

陶鸡 北宋 081
Pottery Chicken, the Northern Song Dynasty

陶狗 北宋 082
Pottery Dog, the Northern Song Dynasty

陶院 北宋 083
Pottery Courtyard, the Northern Song Dynasty

陶院 北宋 083
Pottery Courtyard, the Northern Song Dynasty

黑釉盘 宋代 083
Black Glaze Pottery Plate, Song Dynasty

黑釉盘 宋代 084
Black Glaze Pottery Plate, Song Dynasty

黑釉盘盘心图案 宋代 084
The Pattern in the Middle of the Black Glaze Pottery Plate, Song Dynasty

黑釉盘 宋代 085
Black Glaze Pottery Plate, Song Dynasty

高足杯 宋代 086
Stem Cup, Song Dynasty

汉画像篇

HAN DYNASTY PORTRAIT STONE AND PORTRAIT BRICK

1 号画像石棺 东汉 088
No.1 Stone Portrait Sarcophagus, the Eastern Han Dynasty

1 号画像石棺画像《梁高行》拓片 088
The Rubbing of No.1 Stone Portrait Sarcophagus

1 号画像石棺棺盖首端画像《鸟衔鱼》拓片 089
The Rubbing of the Lid (Front) for No.1 Stone Portrait Sarcophagus

1 号画像石棺前档 东汉 089
The End Panel（Front）for No.1 Stone Portrait Sarcophagus，the Eastern Han Dynasty

1 号画像石棺前档画像《伏羲女娲》拓片 089
The Rubbing of the End Panel（Front）for No.1 Stone Portrait Sarcophagus

1 号画像石棺棺身 东汉 090
The Side Panel for No.1 Stone Portrait Sarcophagus，the Eastern Han Dynasty

1 号画像石棺棺身画像《马车出行》拓片 090
The Rubbing of Side panel for No.1 Stone Portrait Sarcophagus

1 号画像石棺棺盖尾端画像《鱼》拓片 091
The Rubbing of the Lid（Back）for No.1 Stone Portrait Sarcophagus

1 号画像石棺后档 东汉 091
The End Panel（Back）of No.1 Stone Portrait Sarcophagus，the Eastern Han Dynasty

1 号画像石棺后档画像《朱雀》拓片 091
The Rubbing of the End Panel（Back）for No.1 Stone Portrait Sarcophagus

2 号画像石棺 东汉 092
No.2 Stone Portrait Sarcophagus, the Eastern Han Dynasty

2 号画像石棺棺身画像《仙境图》拓片 092
The Rubbing of the Side Panel for No.2 Stone Portrait Sarcophagus

2 号画像石棺 东汉 093
No.2 Stone Portrait Sarcophagus, the Eastern Han Dynasty

2 号画像石棺前档画像《朱雀、灵芝》拓片 093
The Rubbing of the End Panel（Front）for No.2 Stone Portrait Sarcophagus

2 号画像石棺棺身 东汉 094
The Side Panel for No.2 Stone Portrait Sarcophagus，the Eastern Han Dynasty

2 号画像石棺棺身画像《轺车出行》拓片 094
The Rubbing of the Side Panel for No.2 Stone Portrait Sarcophagus

2 号画像石棺后档 东汉 095
The End Panel（Back）for No.2 Stone Portrait Sarcophagus，the Eastern Han Dynasty

2 号画像石棺后档画像《双阙》拓片 095
The Rubbing of the End Panel (Back) for No.2 Stone Portrait Sarcophagus

3 号画像石棺 东汉 096
No.3 Stone Portrait Sarcophagus, the Eastern Han Dynasty

3 号画像石棺棺身画像《车骑临仙境》拓片 096
The Rubbing of the Side Panel for No.3 Stone Portrait Sarcophagus

3 号画像石棺棺身 东汉 097
The Side Panel for No.3 Stone Portrait Sarcophagus, the Eastern Han Dynasty

3 号画像石棺棺身画像《龙虎衔璧》拓片 097
The Rubbing of the Side Panel for No.3 Stone Portrait Sarcophagus

3 号画像石棺前档 东汉 098
The End Panel（Front）for No.3 Stone Portrait Sarcophagus, the Eastern Han Dynasty

3 号画像石棺前档画像《朱雀》拓片 098
The Rubbings of the End Panel（Front）for No.3 Stone Portrait Sarcophagus

3 号画像石棺后档 东汉 099
The End Panel（Back）for No.3 Stone Portrait Sarcophagus, the Eastern Han Dynasty

3 号画像石棺后档画像《马上封侯》拓片 099
The Rubbing of the End Panel（Back）for No.3 Stone Portrait Sarcophagus

4 号画像石棺 东汉 100
No.4 Stone Portrait Sarcophagus, the Eastern Han Dynasty

4 号画像石棺棺身画像《鲁秋胡戏妻》拓片 100
The Rubbing of the Side Panel for No.4 Stone Portrait Sarcophagus

4 号画像石棺 东汉 101
No.4 Stone Portrait Sarcophagus, the Eastern Han Dynasty

4 号画像石棺棺盖画像《联璧》拓片 101
The Rubbing of the Lid for No.4 Stone Portrait Sarcophagus

4 号画像石棺棺身画像《狩猎》拓片 101
The Rubbing of the Side Panel for No.4 Stone Portrait Sarcophagus

4 号画像石棺前档 东汉 102
The End Panel（Front）for No.4 Stone Portrait Sarcophagus，the Eastern Han Dynasty

4 号画像石棺前档画像《羽人》拓片 102
The Rubbings of the End Panel（Front）for No.4 Stone Portrait Sarcophagus

4 号画像石棺后档 东汉 103
The End Panel（Back）for No.4 Stone Portrait Sarcophagus, the Eastern Han Dynasty

4 号画像石棺后档画像《天禄辟邪》拓片 103
The Rubbing of the End Panel（Back）for No.4 Stone Portrait Sarcophagus

5 号画像石棺 东汉 104
No.5 Stone Portrait Sarcophagus, the Eastern Han Dynasty

5 号画像石棺棺身画像《畴猎》拓片 104
The Rubbing of Side Panel for No.5 Stone Portrait Sarcophagus

5 号画像石棺前档 东汉 105
The End Panel (Front) for No.5 Stone Portrait Sarcophagus, the Eastern Han Dynasty

5 号画像石棺前档画像《伏羲与女娲》及棺盖首端画像拓片 105
The Rubbing of the End Panel (Front) and Lid for No.5 Stone Portrait Sarcophagus

5 号画像石棺棺身 东汉 106
The Side Panel for No.5 Stone Portrait Sarcophagus, the Eastern Han Dynasty

5 号画像石棺棺身画像《西王母》拓片 106
The Rubbing of the Side Panel for No.5 Stone Portrait Sarcophagus

5 号画像石棺后档 东汉 107
The End Panel（Back）for No.5 Stone Portrait Sarcophagus, the Eastern Han Dynasty

5 号画像石棺后档画像《天禄》拓片 107
The Rubbing of the End Panel (Back) for No.5 Stone Portrait Sarcophagus

“张公家后之墓”铭文砖 东汉 108
Portrait Brick, the Eastern Han Dynasty

西王母画像砖 东汉 108
Portrait Brick, the Eastern Han Dynasty

“永平三年三月作”字砖 东汉 109
Portrait Brick, the Eastern Han Dynasty

“永平三年三月作”字砖 东汉 109
Portrait Brick, the Eastern Han Dynasty

“建初元年殷是”字砖 东汉 110
Portrait Brick, the Eastern Han Dynasty

“建初元年殷是”字砖 东汉 110
Portrait Brick, the Eastern Han Dynasty

女娲边砖 东汉 111
Portrait Brick, the Eastern Han Dynasty

奔兽图边砖 东汉 111
Portrait Brick, the Eastern Han Dynasty

弋射收获画像砖 东汉 112
Portrait Brick, the Eastern Han Dynasty

弋射收获画像砖拓片 112
The Rubbing of Portrait Brick

六博画像砖 东汉 113
Portrait Brick, the Eastern Han Dynasty

六博画像砖拓片 113
The Rubbing of Portrait Brick

斧车画像砖 东汉 114
Portrait Brick, the Eastern Han Dynasty

斧车画像砖拓片 114
The Rubbing of Portrait Brick

宴乐画像砖 东汉 115
Portrait Brick, the Eastern Han Dynasty

宴乐画像砖拓片 115
The Rubbing of Portrait Brick

单阙画像砖 东汉 116
Portrait Brick, the Eastern Han Dynasty

单阙画像砖拓片 116
The Rubbing of Portrait Brick

谒见画像砖 东汉 117
Portrait Brick, the Eastern Han Dynasty

谒见画像砖拓片 117
The Rubbing of Portrait Brick

丸剑宴舞画像砖 东汉 118
Portrait Brick, the Eastern Han Dynasty

丸剑宴舞画像砖拓片 118
The Rubbing of Portrait Brick

制盐画像砖 东汉 119
Portrait Brick, the Eastern Han Dynasty

制盐画像砖拓片 119
The Rubbing of Portrait Brick

双阙（凤阙）画像砖 东汉 120
Portrait Brick, the Eastern Han Dynasty

双阙（凤阙）画像砖拓片 120
The Rubbing of Portrait Brick

瓷器篇
PORCELAIN

龙泉窑莲瓣纹青釉瓷盘 宋代 122
Celadon Porcelain Plate with Embossed Lotus-petal Design, Longquan Ware, Song Dynasty

龙泉窑豆青釉瓷碗 宋代 123
The Color of Dried Peas Porcelain Bowl, Longquan Ware, Song Dynasty

龙泉窑青瓷盏 宋代 124
Celadon Porcelain Zhan, Longquan Ware, Song Dynasty

豆青瓷盘 宋代 124
The Color of Dried Peas Porcelain Plate, Longquan Ware, Song Dynasty

龙泉窑青釉三足炉 宋代 125
Celadon Lu with Three Legs, Longquan Ware, Song Dynasty

三彩陶枕 宋代 125
Painted Pottery Pillow, Song Dynasty

霁蓝釉瓶 明代 126
Sky –clearing Blue Glazed Porcelain Vase, Ming Dynasty

青花花草纹六棱瓷罐 明代 127
Blue-and-white Colored Six–edges Porcelain Jar with Flowers and Plant Design, Ming Dynasty

青花花草纹六棱瓷罐 明代 127
Blue-and-white Colored Six–edges Porcelain Jar with Flowers and Plant Design, Ming Dynasty

青花缠枝菊花纹瓷罐 明代 128
Blue-and-white Porcelain Jar with Chrysanthemum Design, Ming Dynasty

青花缠枝菊花纹瓷罐底款“大明年造” 128
Reign Mark on the Bottom of Blue-and-white Porcelain Jar with Chrysanthemum Design, “made in Ming Dynasty”

青花“寿”字酒杯 明代 129
Blue-and-white Porcelain Wine Glass Design of Character “Shou”, Ming Dynasty

青花“寿”字酒杯 杯心“寿”字 129
In the Middle of the Blue-and-white Porcelain Wine Glass Design of Character “Shou”

青花“寿”字酒杯　杯底年款“大明年造” 129
Reign Mark on the Bottom of Blue-and-white Porcelain Wine Glass Design of Character “Shou”, “Made in Ming Dynasty”

清仿明成化贯耳瓷瓶 130
The Porcelain Amphora–Vase, Modeled After Ming Emperor Cheng Hua

青花瓷盘 明代 130
Blue-and-white Porcelain Plate, Ming Dynasty

清仿明成化白釉瓷瓶 131
The White Glazed Porcelain Vase, Modeled After Ming Emperor Cheng Hua

清仿明成化云龙纹瓷瓶 132
The Porcelain Vase with Design of Dragon Among Clouds, Modeled After Ming Emperor Cheng Hua

清仿明成化云龙纹瓷瓶 瓶底年款“成化年制” 132
Reign mark on the Bottom of Vase, “Made in Ming Emperor Cheng Hua”

青花山水风景纹将军盖瓷罐 清代 133
Under Glazed Blue-and-white Porcelain Jar with Design of Landscape and General's Helmet Cover, Qing Dynasty

青花山水风景纹将军盖瓷罐 清代 134
Under Glazed blue - and -white porcelain Jar with Design of Landscape and General's Helmet Cover, Qing Dynasty

酱釉瓷钫 清代 135
Dark Reddish-brown Porcelain Fang, Qing Dynasty

酱釉瓷钫 瓶底年款“雍正年制” 135
Reign Mark on the Bottom of Dark Reddish-brown Porcelain Fang, "Made in Qing Emperor of Yong zheng"

青釉瓷瓶 清代 136
Celadon Porcelain Vase, Qing Dynast

青花瓷盘 清代 136
Blue-and-white Porcelain Plate, Qing Dynasty

仿哥窑瓷梅瓶 清代 137
Mei Ping Porcelain Vase with Ge Yao Type Glaze, Qing Dynasty

黑釉堆花葡萄瓷瓶 清代 138
Black Glaze Porcelain Vase Embossed Decoration with Grapes

冰裂纹青釉窑变瓷瓶 138
Celadon Flambé Glazed Porcelain Vase with Broken Ice Crackle

朱砂瓶 139
Vermilion Porcelain Vase

山水纹瓷瓶（正面）民国 140
Porcelain Vase (Front) with Landscape Design， the Chinese Republic Era

山水纹瓷瓶（背面）民国 140
Porcelain Vase (Back) with Landscape Design， the Chinese Republic Era

书画篇
CALLIGRAPHY AND PAINTING

文彭 草书诗文横幅 明代 143
Cursive Hand, Ming Dynasty

何绍基 行书横幅 清代 145
Running Hand, Qing Dynasty

铁保 行书诗文轴 清代 147
Running Hand Axis, Qing Dynasty

刘墉 行书《后出塞诗五首》之一斗方 清代 149
Running Hand, Qing Dynasty

刘墉 行书斗方 清代 151
Running Hand, Qing Dynasty

彭邦畴等 楷书诗文册页 清代 153
Regular Hand, Qing Dynasty

彭邦畴等 楷书诗文册页 清代 155
Regular Hand, Qing Dynasty

彭邦畴等 楷书诗文册页 清代 157
Regular Hand, Qing Dynasty

李祜 仿黄公望山水图轴 清代 158
Landscape Axis, Qing Dynasty

张栋 山水图册页之一 清代 159
No.1 Landscape, Qing Dynasty

张栋 山水图册页之二 清代 159
No.2 Landscape, Qing Dynasty

张栋 山水图册页之三 清代 160
No.3 Landscape, Qing Dynasty

张栋 山水图册页之四 清代 160
No.4 Landscape, Qing Dynasty

张栋 山水图册页之五 清代 161
No.6 Landscape, Qing Dynasty

张栋 山水图册页之六 清代 161
No.5 Landscape, Qing Dynasty

张栋 山水图册页之七 清代 162
No.7 Landscape, Qing Dynasty

张栋 山水图册页之八 清代 162
No.8 Landscape, Qing Dynasty

张栋 山水图册页之九 清代 163
No.9 Landscape, Qing Dynasty

张栋 山水图册页之十 清代 163
No.10 Landscape, Qing Dynasty

张栋 山水图册页之十一 清代 164
No.11 Landscape, Qing Dynasty

张栋 山水图册页之十二 清代 164
No.12 Landscape, Qing Dynasty

张照 墨梅图册页 清代 165
Chinese Ink Painting of Plum Blossom, Qing Dynasty

张照 墨梅图册页 清代 165
Chinese Ink Painting of Plum Blossom, Qing Dynasty

彭奎五 山水斗方 清代 166
Landscape， Qing Dynasty

彭奎五 山水斗方 清代 167
Landscape, Qing Dynasty

包世臣 行书七言联 清代 168
Running Hand Couple, Qing Dynasty

包汝谐 行书屏（残）清代 169
Running Hand, Qing Dynast

杜关 楷书自作诗横幅 清代 171
Regular Hand, Qing Dynasty

衡斋 杂花图横幅 清代 171
Flowers, Qing Dynasty

邓奎枢 隶书临华山庙碑轴 清代 172
Official Hand Axis, Qing Dynasty

邓奎枢 隶书诗文轴 清代 173
Official Hand Axis, Qing Dynasty

辜云若 隶书八言联 清代 174
Official Hand Couplet, Qing Dynasty

杜馥 仕女图 清代 175
Beautiful Woman, Qing Dynasty

郭尚先 行书诗文轴 清代 176
Running Hand Axis, Qing Dynasty

何源 花卉图轴 清代 176
Flowers and Plants Axis, Qing Dynasty

李汝南 行书八言联 清代 177
Running Hand Couplet, Qing Dynasty

佚名 松鹤延年图轴 清代 178
Design of Pine and Crane Symbolizing the Long-life Axis, Qing Dynasty

罗西痴 山水画轴 清代 178
Landscape, Qing Dynasty

傅山 指画墨竹图轴 清代 179
Chinese Ink Painting of Bamboo by Finger, Qing Dynasty

傅山 指画墨竹图轴 清代 179
Chinese Ink Painting of Bamboo by Finger, Qing Dynasty

罗耀秋 花卉图册页 清代 180
Flowers and Plants, Qing Dynasty

罗耀秋 花卉图册页 清代 181
Flowers and Plants, Qing Dynasty

罗耀秋 花卉图册页 清代 181
Flowers and Plants, Qing Dynasty

年羹尧 花卉册页 清代 182
Flowers and Plants, Qing Dynasty

年羹尧 花卉册页 清代 183
Flowers and Plants, Qing Dynasty

祁寯藻 行书八言联 清代 184
Running Hand Couple, Qing Dynasty

润伯 花卉图屏 清代 185
Flowers and Plants, Qing Dynasty

王崇祥 烹茶图轴 清代 186
Brew Tea Axis, Qing Dynasty

宋灏 行书七言联 清代 187
Running Hand Couplet, Qing Dynasty

童煦章 山水图册页之一 清代 188
No.1 Landscape, Qing Dynasty

童煦章 山水图册页之二 清代 188
No.2 Landscape, Qing Dynasty

童煦章 山水图册页之三 清代 189
No.3 Landscape, Qing Dynasty

童煦章 山水图册页之四 清代 189
No.4 Landscape, Qing Dynasty

童煦章 山水图册页之五 清代 190
No.5 Landscape, Qing Dynasty

童煦章 山水图册页之六 清代 190
No.6 Landscape, Qing Dynasty

童煦章 山水图册页之七 清代 191
No.7 Landscape, Qing Dynasty

童煦章 山水图册页之八 清代 191
No.8 Landscape, Qing Dynasty

童煦章 山水图册页之九 清代 192
No.9 Landscape, Qing Dynasty

吴鼒 行书七言联 清代 193
Running Hand Couplet , Qing Dynasty

绣章 山水图屏 清代 194
Landscape, Qing Dynasty

颜楷 楷书八言联 清代 195
Regular Hand Couplet, Qing Dynasty

佚名 韩信遇漂母图 清代 196
Hanxin and Piaomu, Qing Dynasty

佚名 牡丹锦鸡图 清代 196
Peony and Yellow Cock, Qing Dynasty

岳东阳 行书对联 清代 197
Running Hand Couple, Qing Dynasty

佚名 山水图横幅 清代 199
Landscape, Qing Dynasty

朱鹤龄 山水图轴 清代 200
Landscape Axis, Qing Dynasty

周德庄 织女图轴 清代 201
Vega Axis, Qing Dynasty

佚名 篆书孝经册页 清代 203
Seal Hand, Qing Dynasty

紫燎光 梅雀图 清代 205
Plum Blossom and Magpies, Qing Dynasty

竹禅 梅花八哥图 清代 205
Plum Blossom and Starling, Qing Dynasty

左锡嘉 工笔仕女图屏 清代 206
Beautiful Woman, Qing Dynasty

左锡嘉 工笔仕女图屏 清代 207
Beautiful Woman, Qing Dynasty

陈敏 墨梅图屏 清代 208
Chinese Ink Painting of Plum Blossom, Qing Dynasty

陈敏 墨梅图屏 清代 209
Chinese Ink Painting of Plum Blossom, Qing Dynasty

陈敏 墨梅图屏 清代 210
Chinese Ink Painting of Plum Blossom, Qing Dynasty

陈敏 墨梅图屏 清代 211
Chinese Ink Painting of Plum Blossom, Qing Dynasty

李汝南 墨兰图屏 清代 212
Chinese Ink Painting of Orchid, Qing Dynasty

李汝南 墨兰图屏 清代 213
Chinese Ink Painting of Orchid, Qing Dynasty

李汝南 墨兰图屏 清代 214
Chinese Ink Painting of Orchid, Qing Dynasty

李汝南 墨兰图屏 清代 215
Chinese Ink Painting of Orchid, Qing Dynasty

李有德 墨竹图屏 清代 216
Chinese Ink Painting of Bamboo, Qing Dynasty

李有德 墨竹图屏 清代 217
Chinese Ink Painting of Bamboo, Qing Dynasty

李有德 墨竹图屏 清代 218
Chinese Ink Painting of Bamboo, Qing Dynasty

刘锡玲 指画花卉图屏 清代 219
Flowers and Plants Painting by Finger, Qing Dynasty

刘锡玲 指画花卉图屏 清代 220
Flowers and Plants Painting by Finger, Qing Dynasty

刘锡玲 指画花卉图屏 清代 221
Flowers Painting by Finger, Qing Dynasty

刘锡玲 指画花卉图屏 清代 222
Flowers Painting by Finger, Qing Dynasty

孙清士 菊花图屏 清代 223
Chrysanthemum, Qing Dynasty

孙清士 菊花图屏 清代 224
Chrysanthemum, Qing Dynasty

孙清士 菊花图屏 清代 225
Chrysanthemum, Qing Dynasty

孙清士 菊花图屏 清代 226
Chrysanthemum, Qing Dynasty

任墉 水墨山水图轴 清代 227
Chinese Ink Painting of Landscape Axis, Qing Dynasty

董其昌 山水图扇面 明代 228
Landscape on the Fan-covering, Ming Dynasty

文嘉 山石菖蒲扇面 明代 229
Fan Face of Calamus and Stone, Ming Dynasty

陈继儒 行书诗文扇面 明代 230
Fan Face of Running Hand, Ming Dynasty

项圣谟 花卉图扇面 明代 231
Fan Face of Flowers and Plants, Ming Dynasty

陆治 鹌鹑图扇面 明代 232
Fan Face of Quails, Ming Dynasty

赵之壁 水墨山水图扇面 清代 233
Fan Face of Chinese Ink Painting of Landscape, Qing Dynasty

翟大坤等 山水图扇面 清代 234
Fan Face of Landscape, Qing Dynasty

毕涵 江帆万里图扇面 清代 235
Fan Face of JIANG FAN WAN LI TU, Qing Dynasty

张问陶等 行书诗文扇面 清代 236
Fan Face of Running Hand, Qing Dynasty

姚远之 隶书诗文扇面 清代 237
Fan Face of Official Hand, Qing Dynasty

俞樾 隶书团扇 清代 238
Fan Face of Official Hand, Qing Dynasty

张问陶等 行书诗文扇面 清代 239
Fan Face of Running Hand, Qing Dynasty

卓椿 山水图扇面 清代 240
Fan Face of Landscape, Qing Dynasty

周岱 赤壁图扇面 清代 241
CHI BI TU on the Fan-covering, Qing Dynasty

陈国瑚 花鸟图扇面 清代 242
Fan Face of Flowers and Birds, Qing Dynasty

成亲王 楷书诗文扇面 清代 243
Fan Face of Regular Hand, Qing Dynasty

成亲王 兰花图扇面 清代 244
Fan Face of Orchid, Qing Dynasty

方大猷 草书诗文扇面 清代 245
Fan Face of Cursive Hand, Qing Dynast

顾樵 顾超 水墨山水图扇面 清代 246
Fan Face of Chinese Ink Painting of Landscape, Qing Dynasty

姜筠 水墨山水图扇面 清代 247
Fan Face of Chinese Ink Painting of Landscape, Qing Dynasty

林鹤年 行书诗文扇面 清代 248
Fan Face of Running Hand, Qing Dynasty

蒋宦先 牡丹图扇面 清代 249
Fan Face of Peony, Qing Dynasty

蒋予检 墨兰图扇面 清代 250
Fan Face of Chinese Ink Painting of Orchid, Qing Dynasty

陆绍景 行书白华堂诗扇面 清代 251
Fan Face of Running Hand, Qing Dynasty

陆玉书 墨竹图扇面 清代 252
Fan Face of Chinese Ink Painting of Bamboo, Qing Dynasty

马豫 竹石图扇面 清代 253
Fan Face of Chinese Ink Painting of Bamboo, Qing Dynasty

钮嘉荫 山水图扇面 清代 254
Fan Face of Landscape, Qing Dynasty

钱官俊 花卉图扇面 清代 255
Fan Face of Flowers and Plants, Qing Dynasty

吴三省 山水图扇面 清代 256
Fan Face of Landscape, Qing Dynasty

邵义棠 行书论书团扇 清代 257
Fan Face of Running Hand, Qing Dynasty

汪梅鼎 山水图扇面 清代 258
Fan Face of Landscape, Qing Dynasty

徐松龛 行书诗文扇面 清代 259
Fan Face of Running Hand, Qing Dynasty

许佐清 山水图团扇 清代 260
Fan Face of Landscape, Qing Dynasty

杨深秀 楷书书录《道德经》团扇 清代 261
Fan Face of Regular Hand, Qing Dynasty

杨裕年 文姬归汉图扇面 清代 262
Fan Face of WENJI GUI HAN TU, Qing Dynasty

佚名 青绿山水图扇面 清代 263
Fan Face of Landscape, Qing Dynasty

佚名 山水图扇面 清代 264
Fan Face of Landscape, Qing Dynasty

张敔 兰石图扇面 清代 265
Fan Face of Orchid and Stone Painting, Qing Dynasty

张迺耆 竹石图扇面 清代 266
Fan Face of Bamboo and Stone Painting, Qing Dynasty

张穆 楷书论竹扇面 清代 267
Fan Face of Regular Hand for Bamboo, Qing Dynasty

周棠 水墨山水图团扇 清代 268
Fan Face of Chinese Ink Painting of Landscape, Qing Dynasty

朱荣棣 隶书诗文团扇 清代 269
Fan Face of Official Hand, Qing Dynasty

邓涛 山水图团扇 清代 270
Fan Face of Landscape, Qing Dynasty

张世准 墨梅图团扇 清代 271
Fan Face of Chinese Ink Painting of Plum Blossom, Qing Dynasty

赵熙 行书诗文轴 民国 272
Running Hand Axis, the Chinese Republic Era

张笃行 行书诗文轴 民国 273
Running Hand Axis, the Chinese Republic Era

董寿平 墨梅图轴 民国 274
Chinese Ink Painting of Plum Blossom Axis, the Chinese Republic Era

蔼公 松竹高士图轴 民国 275
Pine Tree and Bamboo, the Chinese Republic Era

颜绍堂 横推人物画 民国 277
Figure Painting, the Chinese Republic Era

刘咸荥 兰花图 民国 278
Orchid, the Chinese Republic Era

刘咸荥 兰花图 民国 279
Orchid, the Chinese Republic Era

刘咸荥 行书六言联 民国 280
Running Hand Couple, the Chinese Republic Era

褚德彝 隶书七言联 民国 281
Official Hand Couplet, the Chinese Republic Era

辜培源 “松鹤遐龄”条幅 民国 282
SONG HE XIA LING，the Chinese Republic Era

辜培源 “群仙祝寿”条幅 民国 283
QUN XIAN ZHU SHOU，the Chinese Republic Era

壶道人 行书七言诗轴 民国 284
Running Hand Axis, the Chinese Republic Era

日本 双鹤图轴 285
Cranes, Japan

日本 冬咣鱼图轴 286
Fish, Japan

日本 菊花恋水图轴 287
Chrysanthemum, Japan

日本 山水绒画 288
Landscape, Japan

石器篇

STONE TOOLS

双孔玉刀（正面）　新石器时代晚期

长 6.8 厘米，宽 3 厘米，厚 0.7 厘米，孔径 0.8 厘米

双孔玉刀（背面）　新石器时代晚期

图片由成都博物馆提供

端刃石凿　新石器时代晚期

长 7 厘米，宽 3 厘米

图片由成都博物馆提供

石锛（正面）　新石器时代晚期

长 4.4 厘米，宽 3.9 厘米，厚 0.9 厘米

石锛（背面）　新石器时代晚期

图片由成都博物馆提供

石锛　新石器时代晚期

长 7 厘米，宽 3 厘米

石矛　新石器时代晚期

长 8 厘米，宽 4 厘米，厚 0.7 厘米

图片由成都博物馆提供

石翁仲像　东汉

长 64 厘米，宽 67 厘米，高 99 厘米

图片由四川博物院提供

石翁仲像　东汉

长 64 厘米，宽 67 厘米，高 99 厘米

图片由四川博物院提供

汉石羊　东汉

高 37 厘米

图片由四川博物院提供

铜器篇
BRONZE WARE

兽面纹蝉纹铜觚　商代

通长 41.7 厘米，宽 4 厘米，厚 0.5 厘米

铜剑　战国

通长 41.7 厘米，宽 4 厘米，厚 0.5 厘米

铜矛　战国

通长 22 厘米，宽 2.5 厘米，厚 0.4 厘米

铜刀　战国

通长 26 厘米，宽 3.5 厘米，厚 0.5 厘米

铜斤　战国

长 17.1 厘米，宽 6.7 厘米，高 31.6 厘米

铜钺　战国

长 10.5 厘米，宽 6.3 厘米，高 3 厘米

错银云纹铜方壶　战国

通高 54.5 厘米，口直径 11.8 厘米

图片由四川博物院提供

双耳铜釜　战国

长 25.3 厘米，宽 25.3 厘米， 高 14.5 厘米

双耳铜钟　东汉

长 36.7 厘米，宽 36.7 厘米，高 48 厘米

双耳铜钟局部兽面耳　东汉

宣德铜炉　清仿

口径 13.5 厘米，通高 9.2 厘米

清仿宣德铜炉底款“大明宣德五年监督工部官宦吴邦左造”

双耳蕉叶兽面纹铜瓶　清仿

高 51 厘米，宽 23 厘米，厚 16 厘米

紫铜插瓶　清代

通高 14 厘米，口径 4.5 厘米，
底径 5.5 厘米，腹径 8 厘米

铜釜　清代

口径 13.5 厘米，双耳宽 20 厘米，腹径 17 厘米，通高 8.1 厘米

铜鼎式炉　清代

长 30 厘米，宽 18 厘米，高 36 厘米

关圣帝君铜坐像　清代

长 9 厘米，宽 5 厘米，通高 14.5 厘米

玉清道院铜钟　民国

长 120 厘米 宽 120 厘米 高 220 厘米

陶器篇
POTTERY ARTICLE

陶宽沿平底尊
新石器时代晚期
口径29.3厘米，底径24.4厘米，
高21.4厘米

图片由成都博物馆提供

陶宽沿平底尊
新石器时代晚期
口径23.8厘米，底径9.4厘米，
高21.7厘米

图片由成都博物馆提供

陶敛口罐　新石器时代晚期

口径 21 厘米，高 21 厘米

图片由成都博物馆提供

陶壶　新石器时代晚期

口径 18 厘米，高 30 厘米

图片由成都博物馆提供

陶敞口圈足尊　新石器时代晚期

口径 23.8 厘米，底径 9.4 厘米，高 21.7 厘米

图片由成都博物馆提供

灰陶盒　东汉
长 21.8 厘米，宽 21.8 厘米，
高 18.7 厘米

双耳双腹陶盆　东汉
长 21.2 厘米，宽 21.2 厘米，
高 13.7 厘米

灰陶盒　东汉
长 21 厘米，宽 19 厘米，
高 19 厘米

灰陶井　东汉

长 27.4 厘米，宽 27.4 厘米，高 40.2 厘米

陶田　汉代

高 3.2 厘米，长 55 厘米，宽 36.8 厘米

图片由四川博物院提供

陶女俑头　汉代
高 23 厘米

图片由四川博物院提供

陶劳动俑　东汉

高 52.5 厘米

图片由四川博物院提供

陶执铲箕俑　东汉

高 85.5 厘米

图片由四川博物院提供

陶抚耳俑　东汉

高 31.5 厘米级，长 8 厘米，宽 6 厘米

陶说唱俑　东汉

高 50 厘米，宽 28 厘米，厚 16 厘米

陶站立说唱俑　东汉

高 60 厘米，长 24 厘米，宽 18.5 厘米

陶抚琴俑　东汉

长 21.4 厘米，宽 9.2 厘米，
高 24.3 厘米

陶庖厨俑　东汉

长 16.3 厘米，宽 16.5 厘米，
高 23.5 厘米

灰陶俑　东汉

长 6.9 厘米，宽 5.7 厘米，高 18.5 厘米

陶舞俑　东汉

高 14 厘米

图片由四川博物院提供

陶抚琴俑　晋代

长 21.5 厘米，宽 11 厘米，高 26.4 厘米

陶子母鸡　晋代

长 35.5 厘米，宽 24 厘米，高 18.5 厘米

谷仓罐　隋代

高 27 厘米，口径 8.5 厘米，底径 10 厘米

灰陶坐俑　北宋

长 13.6 厘米，宽 11.7 厘米，高 28.2 厘米

陶文官俑　北宋

长 9.1 厘米，宽 9.6 厘米，高 34.7 厘米

陶文官俑　北宋

长 9.2 厘米，宽 9.3 厘米，高 34.4 厘米

陶文官俑　北宋

长 9.3 厘米，宽 8.6 厘米，高 30.2 厘米

陶文官俑　北宋

长 9.3 厘米，宽 8 厘米，高 31.2 厘米

陶文官俑　北宋

长 9.4 厘米，宽 9.3 厘米，高 34.3 厘米

陶文官俑　北宋

长 9.4 厘米，宽 9.3 厘米，高 34.5 厘米

陶文官俑　北宋

长 9.6 厘米，宽 8.8 厘米，
高 33.8 厘米

陶文官俑　北宋

长 9.5 厘米，宽 9.1 厘米，
高 34.5 厘米

陶文官俑　北宋

长 9.7 厘米，宽 9.3 厘米，
高 34.3 厘米

陶文官俑　北宋

长 9.9 厘米，宽 8.1 厘米，
高 30 厘米

陶老人俑　北宋

长 9.7 厘米，宽 8.3 厘米，高 31 厘米

陶文官俑　北宋

长 10.6 厘米，宽 8.1 厘米，
高 19.5 厘米

陶匍匐俑　北宋

长 15.5 厘米，宽 9.8 厘米，
高 11.7 厘米

陶匍匐俑　北宋

长 20 厘米，宽 10.2 厘米
高 11.4 厘米

陶牵马俑　北宋

长 20.8 厘米，宽 15.6 厘米， 高 24 厘米

陶牵马俑（右侧面）　北宋

陶牵马俑 （左侧面）　北宋

陶男童俑　北宋

长 6.7 厘米，宽 5.7 厘米，高 25 厘米

陶男童俑　北宋

长 7 厘米，宽 6.5 厘米，高 22 厘米

陶女侍俑　北宋

长 9.9 厘米，宽 8.2 厘米，高 31 厘米

陶人头蛇身俑　北宋

长 28.2 厘米，宽 6.6 厘米，高 11.6 厘米

陶鸡　北宋

通高 21.5 厘米，底宽 7 厘米，厚 12 厘米

陶狗　北宋

通高 23 厘米，底宽 11.5 厘米，长 11 厘米

陶院　北宋

长 35.2 厘米，宽 33.1 厘米，高 13 厘米

陶院　北宋

长 35.2 厘米，宽 33.1 厘米，高 13 厘米

黑釉盘　宋代

高 3 厘米，口径 16 厘米

黑釉盘盘心图案　宋代

黑釉盘　宋代

高 3 厘米，口径 16 厘米

高足杯　宋代

高 7.5 厘米，口径 9.5 厘米

汉画像篇

HAN DYNASTY PORTRAIT STONE AND PORTRAIT BRICK

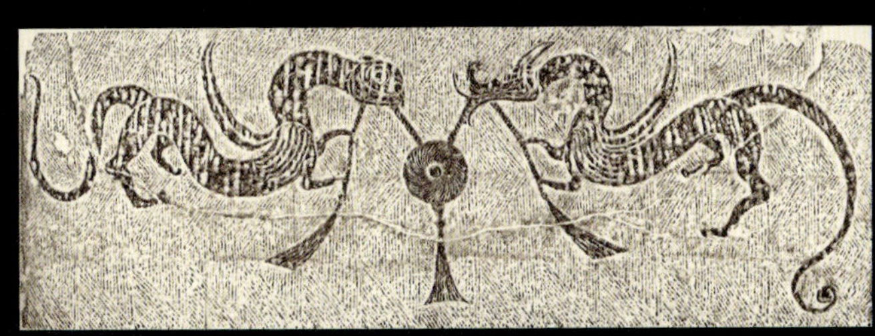

1 号画像石棺　东汉

长 220 厘米，宽 68 厘米，高（含棺盖）110 厘米

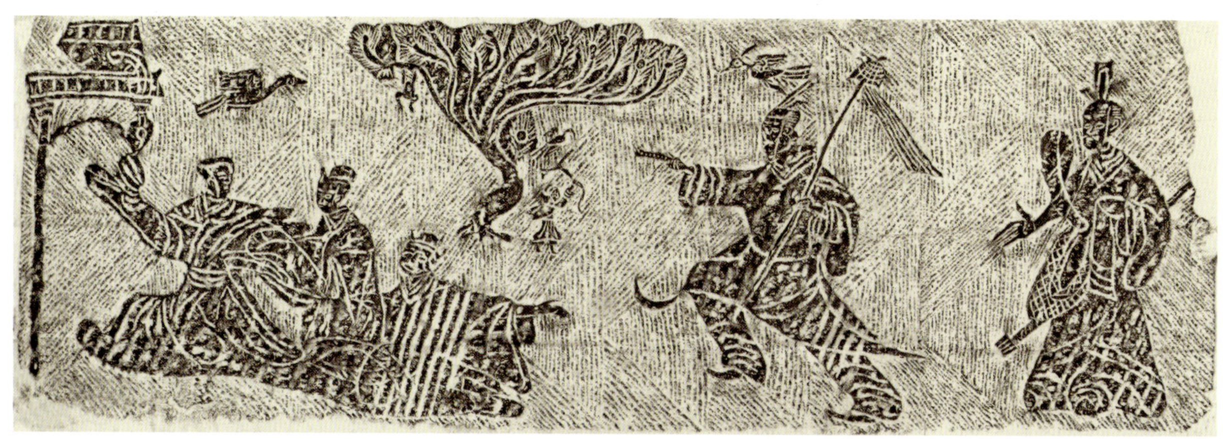

1 号画像石棺画像《梁高行》拓片

1 号画像石棺棺盖首端画像《鸟衔鱼》拓片

1 号画像石棺前档画像《伏羲女娲》拓片

1 号画像石棺前档　东汉

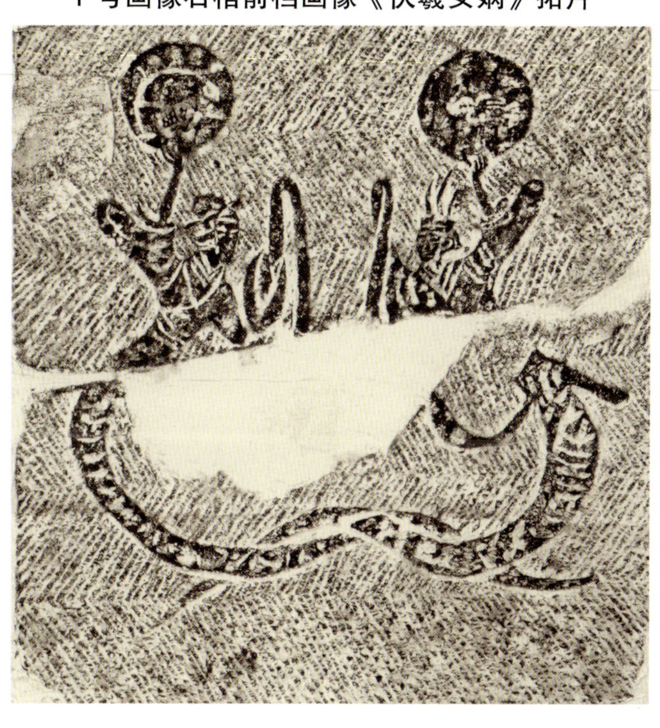

1 号画像石棺棺身　东汉

1 号画像石棺棺身画像《车马出行》拓片

1 号画像石棺棺盖尾端画像《鱼》拓片

1 号画像石棺后档　东汉

宽 68 厘米，高（含棺盖）110 厘米

1 号画像石棺后档画像《朱雀》拓片

2 号画像石棺　东汉

石棺长 220 厘米，宽 68，高（含棺盖）110 厘米，壁厚 10 厘米

2 号画像石棺棺身画像《仙境图》拓片

2号画像石棺　东汉

宽68厘米，高（含棺盖）110厘米，
壁厚10厘米

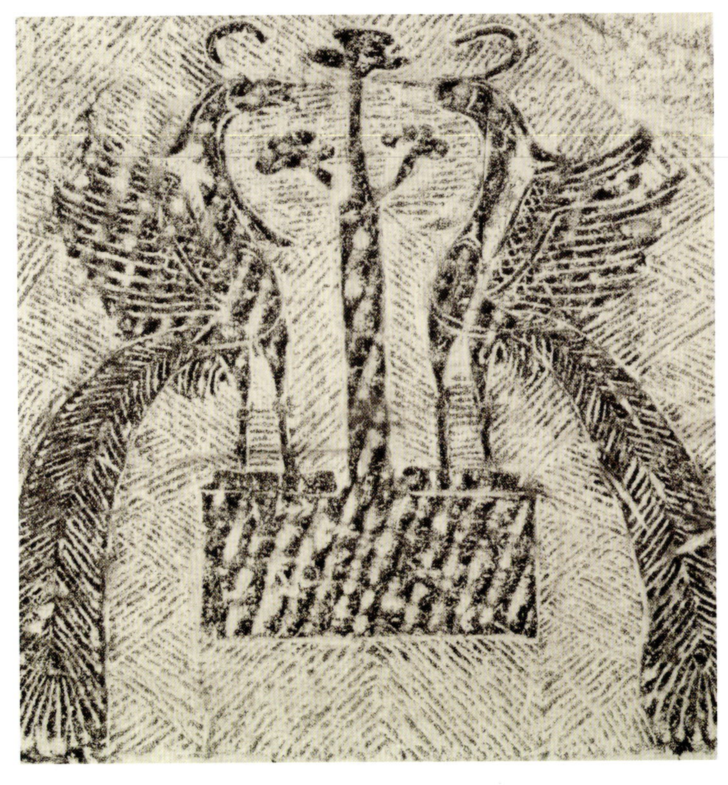

2号画像石棺前档画像
《朱雀、灵芝》拓片

2 号画像石棺棺身　东汉

2 号画像石棺棺身画像《轺车出行》拓片

2 号画像石棺后档　东汉

宽 68 厘米，高（含棺盖）110 厘米，壁厚 10 厘米

2 号画像石棺后档画像《双阙》拓片

3号画像石棺　东汉

石棺长220厘米，宽61厘米，高（棺身）79厘米，壁厚10厘米

3号画像石棺棺身画像《车骑临仙境》拓片

3 号画像石棺棺身　东汉

石棺长 220 厘米，宽 61 厘米，高（棺身）79 厘米，壁厚 10 厘米

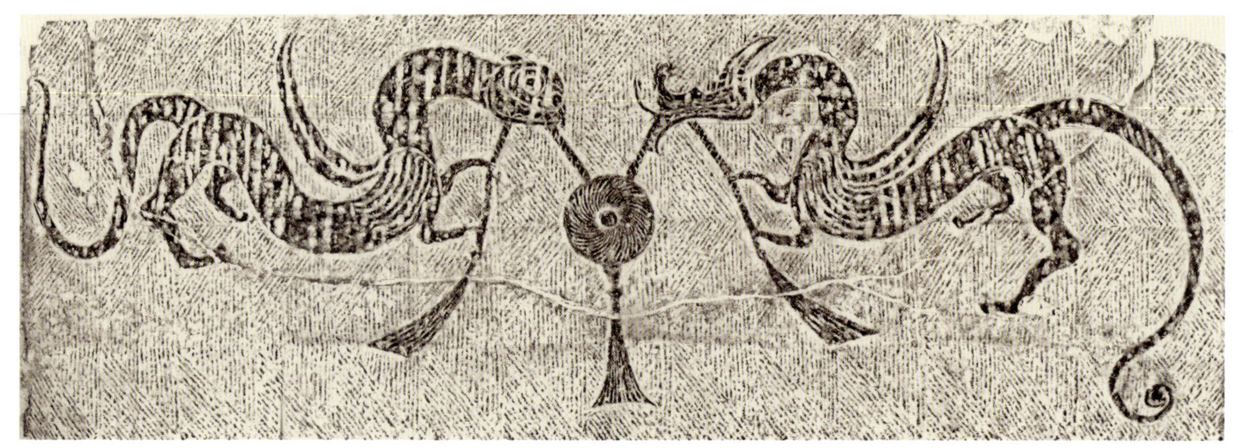

3 号画像石棺棺身画像《龙虎衔璧》拓片

3号画像石棺前档　东汉

石棺长220厘米，宽61厘米，

高（棺身）79厘米，壁厚10厘米

3号画像石棺

前档画像《朱雀》拓片

3 号画像石棺后档　东汉

石棺长 220 厘米，宽 61 厘米，
高（棺身）79 厘米，壁厚 10 厘米

3 号画像石棺
后档画像《马上封侯》拓片

4 号画像石棺　东汉

石棺长 225 厘米，宽 68 厘米，高（含棺盖）110 厘米，壁厚 10 厘米

4 号画像石棺棺身画像《鲁秋胡戏妻》拓片

4 号画像石棺　东汉

石棺长 225 厘米，宽 68 厘米，高（含棺盖）110 厘米，壁厚 10 厘米

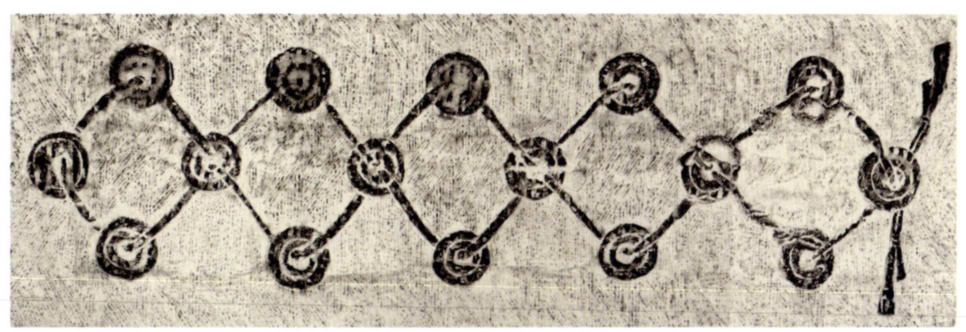

4 号画像石棺棺盖画像《联璧》拓片

4 号画像石棺棺身画像《狩猎》拓片

4号画像石棺前档　东汉

石棺长225厘米，宽68厘米，
高（含棺盖）110厘米，
壁厚10厘米

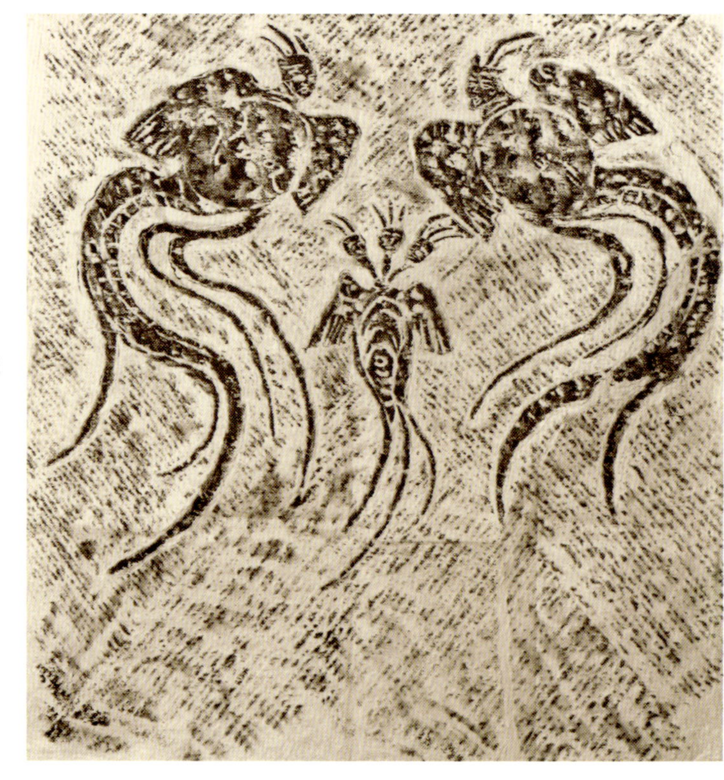

4号画像石棺前档画像
《羽人》拓片

4 号画像石棺后档　东汉

石棺长 225 厘米，宽 68 厘米，高（含棺盖）110 厘米，壁厚 10 厘米

4 号画像石棺后档画像《天禄辟邪》拓片

5 号画像石棺　东汉

棺长 223 厘米，宽 65 厘米，高（含棺盖）110 厘米，壁厚 10 厘米

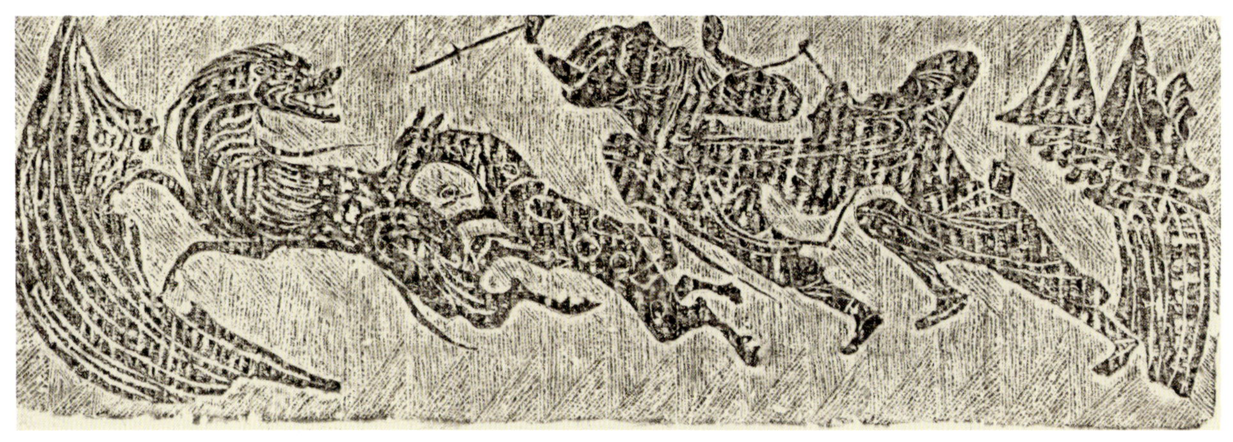

5 号画像石棺棺身画像《畤猎》拓片

5 号画像石棺前档　东汉

长 220 厘米，宽 68 厘米，
高（含棺盖）110 厘米

5 号画像石棺
前档画像《伏羲与女娲》及
棺盖首端画像拓片

5 号画像石棺棺身　东汉

棺长 223 厘米，宽 65 厘米，高（含棺盖）110 厘米，壁厚 10 厘米

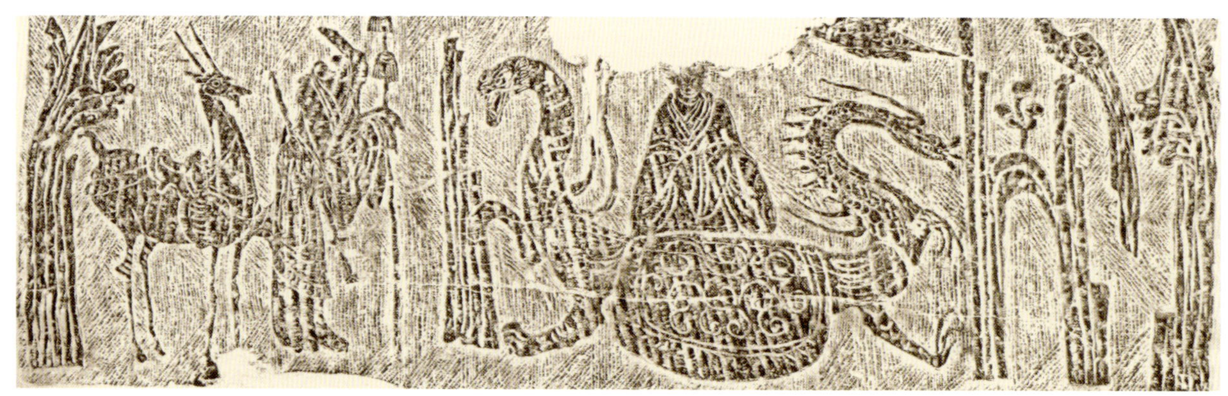

5 号画像石棺棺身画像《西王母》拓片

5号画像石棺后档　东汉

棺头宽65厘米，高（含棺盖）110厘米，
壁厚10厘米

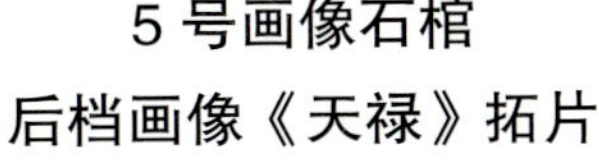

5号画像石棺
后档画像《天禄》拓片

“张公家后之墓”铭文砖　东汉

长 20.5 厘米，宽 34 厘米，厚 5.5 厘米

西王母画像砖　东汉

长 6.5 厘米，宽 34 厘米，厚 12.5 厘米

“永平三年三月作”字砖　东汉

长 38.3 厘米，宽 18.5 厘米，高 6 厘米

“永平三年三月作”字砖　东汉

长 38 厘米，宽 19 厘米，高 6 厘米

图片由四川博物院提供

“建初元年殷是”字砖　东汉

长 35.3 厘米，宽 24.8 厘米，高 7.8 厘米

“建初元年殷是”字砖　东汉

长 35 厘米，宽 24 厘米，高 7.3 厘米

图片由四川博物院提供

女娲边砖　东汉

长 44.2 厘米，宽 18.9 厘米，高 8 厘米

奔兽图边砖　东汉

长 31 厘米，宽 24.5 厘米，高 7.5 厘米

图片由四川博物院提供

弋射收获画像砖　东汉

长 41 厘米，宽 45.5 厘米，厚 5.5 厘米

弋射收获画像砖拓片

六博画像砖　东汉

长 41 厘米，宽 45.5 厘米，厚 5.5 厘米

六博画像砖拓片

斧车画像砖　东汉

长 41 厘米，宽 45.5 厘米，厚 5.5 厘米

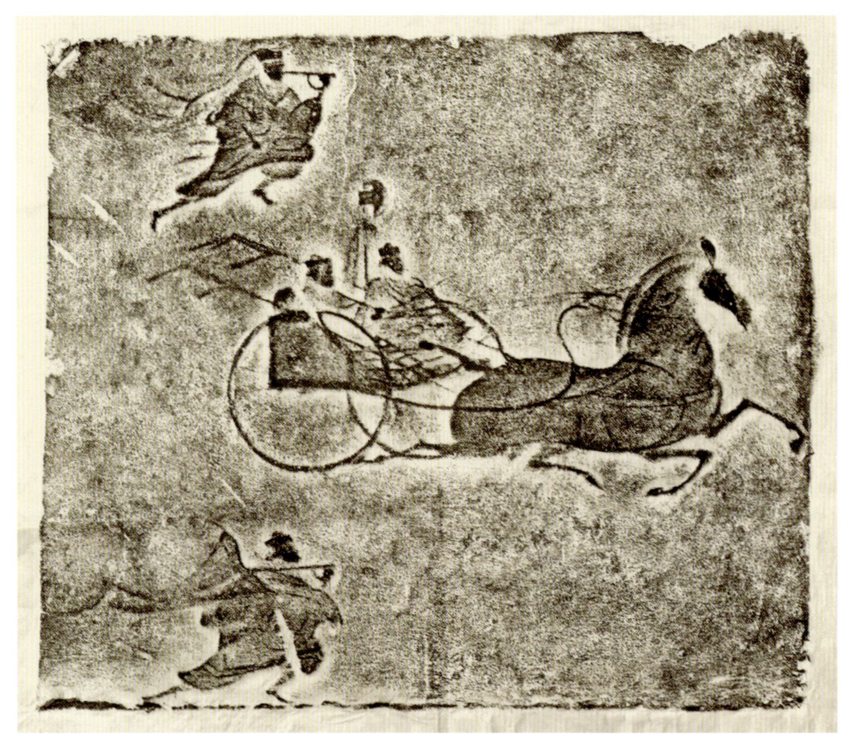

斧车画像砖拓片

宴乐画像砖　东汉

长 41 厘米，宽 45.5 厘米，厚 5.5 厘米

宴乐画像砖拓片

单阙画像砖　东汉

长 41 厘米，宽 45.5 厘米，厚 5.5 厘米

单阙画像砖拓片

谒见画像砖　东汉

长 41 厘米，宽 45.5 厘米，厚 5.5 厘米

谒见画像砖拓片

丸剑宴舞画像砖　东汉

长 41 厘米，宽 45.5 厘米，厚 5.5 厘米

丸剑宴舞画像砖拓片

制盐画像砖　东汉

长 41 厘米，宽 45.5 厘米，厚 5.5 厘米

制盐画像砖拓片

双阙（凤阙）画像砖　东汉

长 41 厘米，宽 45.5 厘米，厚 5.5 厘米

双阙（凤阙）画像砖拓片

龙泉窑莲瓣纹青釉瓷盘　宋代

长 18.8 厘米，宽 18.8 厘米，高 4.8 厘米

龙泉窑豆青釉瓷碗　宋代

长 16.3 厘米，宽 5.7 厘米，高 6.7 厘米

龙泉窑青瓷盏　宋代

口径 12.4 厘米，底径 5.5 厘米，高 3.5 厘米

豆青瓷盘　宋代

高 3 厘米，口径 16 厘米

龙泉窑青釉三足炉　宋代

口径 8.5 厘米，高 6.2 厘米

三彩陶枕　宋代

长 37 厘米，宽 16.4 厘米，高 12 厘米

霁蓝釉瓶　明代

口径 4.6 厘米，底径 7.5 厘米，腹部最大径 44 厘米，通高 16 厘米

青花花草纹六棱瓷罐　明代

长 12 厘米，宽 12 厘米，
高 17.3 厘米

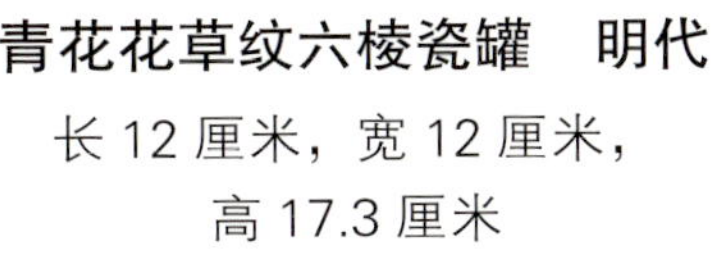

青花花草纹六棱瓷罐　明代

长 12 厘米，宽 12 厘米，
高 17.3 厘米

青花缠枝菊花纹瓷罐　明代

长 10.2 厘米，宽 10.2 厘米， 高 15.3 厘米

青花缠枝菊花纹瓷罐

底款“大明年造”

青花“寿”字酒杯　明代

长 7.8 厘米，宽 7.8 厘米，高 4.2 厘米

青花“寿”字酒杯 杯心“寿”字

青花“寿”字酒杯

杯底年款“大明年造”

清仿明成化贯耳瓷瓶

口径 15.6 厘米，底径 13 厘米，腹部最大径 73 厘米，通高 45 厘米

青花瓷盘　明代

口径 14 厘米，底径 8.7 厘米，通高 2.5 厘米

清仿明成化白釉瓷瓶

口径 12.4 厘米，底径 13 厘米，腹部最大径 66 厘米，通高 34 厘米

清仿明成化云龙纹瓷瓶

长 17.6 厘米，宽 17.6 厘米，高 35.4 厘米

清仿明成化云龙纹瓷瓶

瓶底年款“成化年制”

青花山水风景纹将军盖瓷罐　清代

长 38.5 厘米，宽 38.5 厘米，高 66.3 厘米

青花山水风景纹将军盖瓷罐　清代

长 38.7 厘米，宽 38.7 厘米， 高 66.2 厘米

酱釉瓷钫　清代

底长 3.5 厘米，宽 2.7 厘米，腹部最大径 24 厘米，通高 13 厘米

酱釉瓷钫　瓶底年款“雍正年制”

青釉瓷瓶　清代

口径 11.2 厘米，底径 12.5 厘米，腹部最大径 60 厘米，通高 40 厘米

青花瓷盘　清代

口径 23.5 厘米，底径 11 厘米，通高 4 厘米

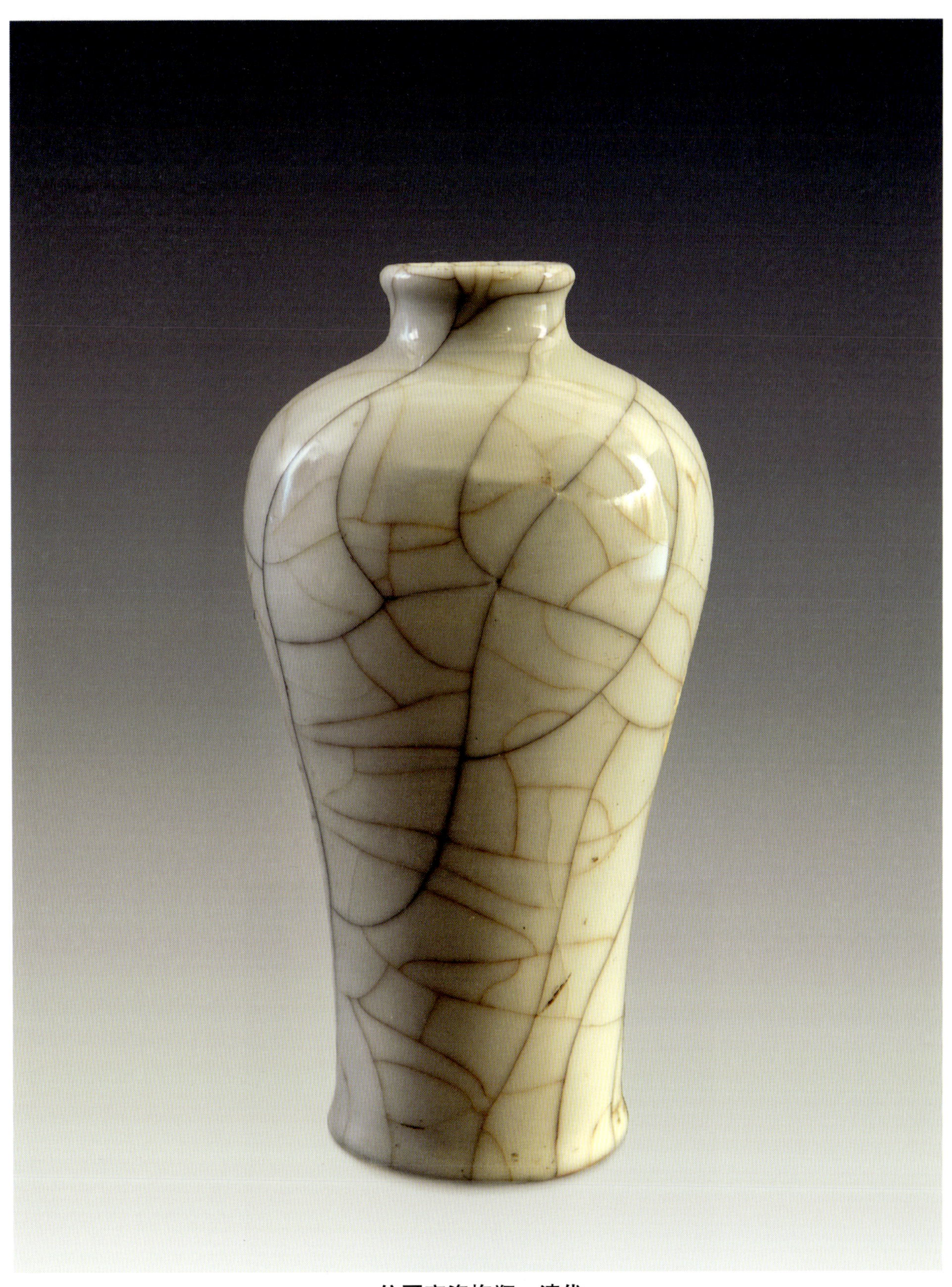

仿哥窑瓷梅瓶　清代

长 11.2 厘米，宽 11.2 厘米，高 23.5 厘米

黑釉堆花葡萄瓷瓶　清代

口径 8 厘米，底径 7 厘米，腹部最大径 39 厘米，通高 17 厘米

冰裂纹青釉窑变瓷瓶

口径 5 厘米，底径 6.5 厘米，腹部最大径 42 厘米，通高 17 厘米

朱砂瓶

口径 7.5 厘米，底径 13 厘米，腹部最大径 52 厘米，通高 35 厘米

山水纹瓷瓶（正面）　民国

口径 13.3 厘米，底径 13 厘米，
腹部最大径 59 厘米，
通高 32.7 厘米

山水纹瓷瓶（背面）　民国

书画篇

CALLIGRAPHY AND PAINTING

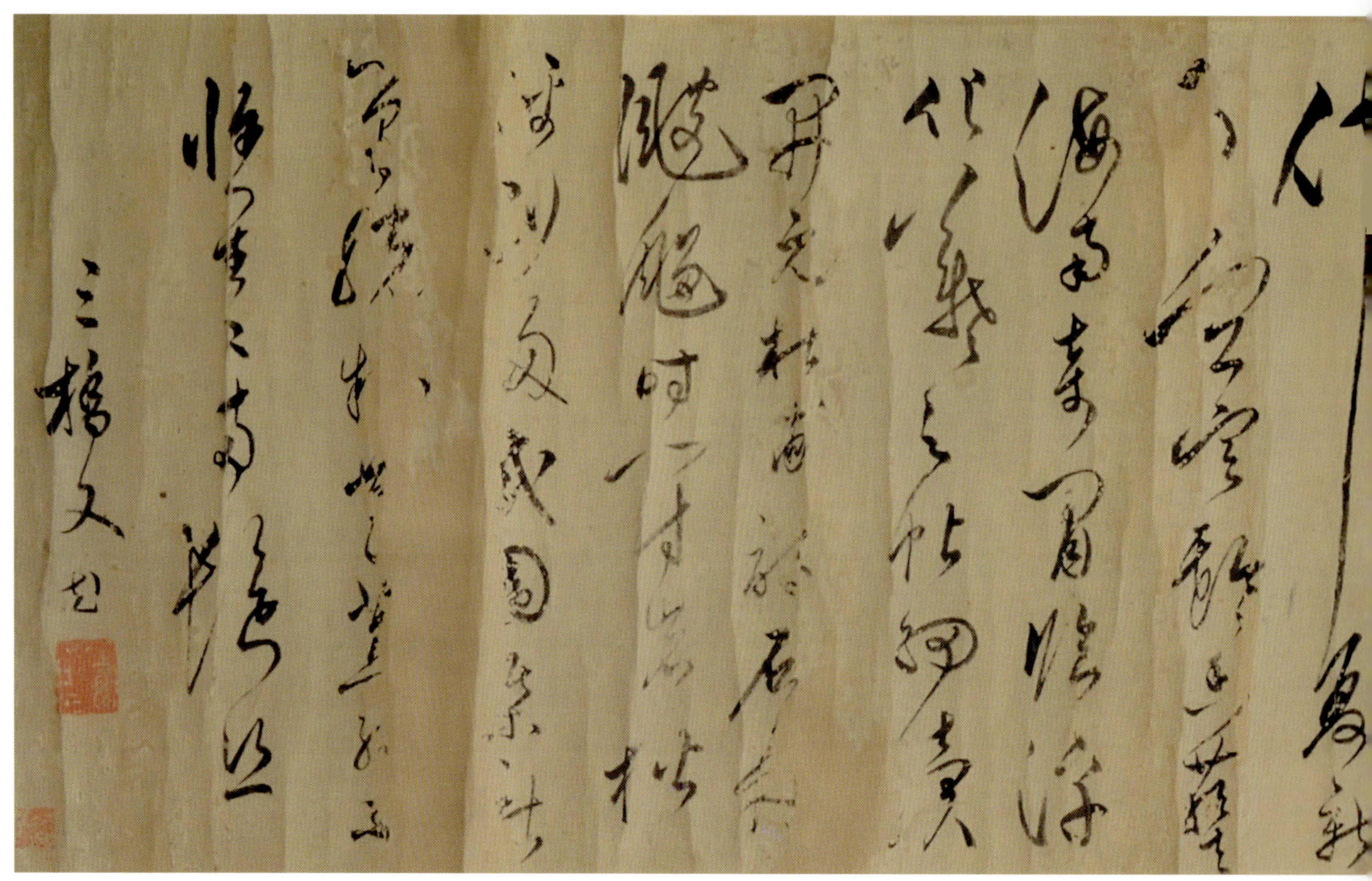

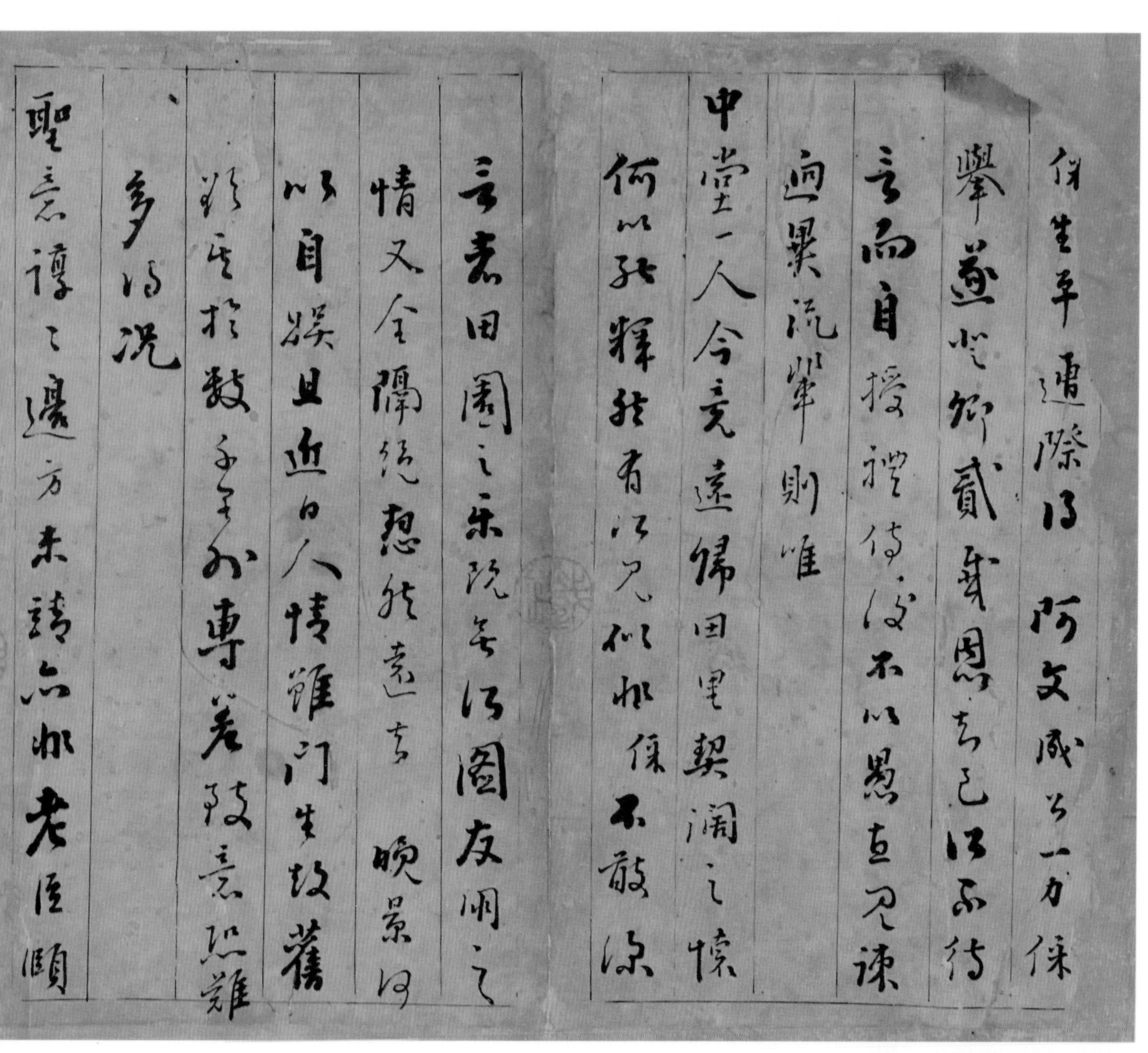

铁保　行书诗文轴　清代

纵 20 厘米，横 47 厘米

刀頭閭里送我行親戚
擁道周斑白居上列酒酣
進庶羞少年別有贈含
笑看吳鉤　書杜工部後出
塞詩五首之一此詩公為徵東都之
兵而作也　石菴居士

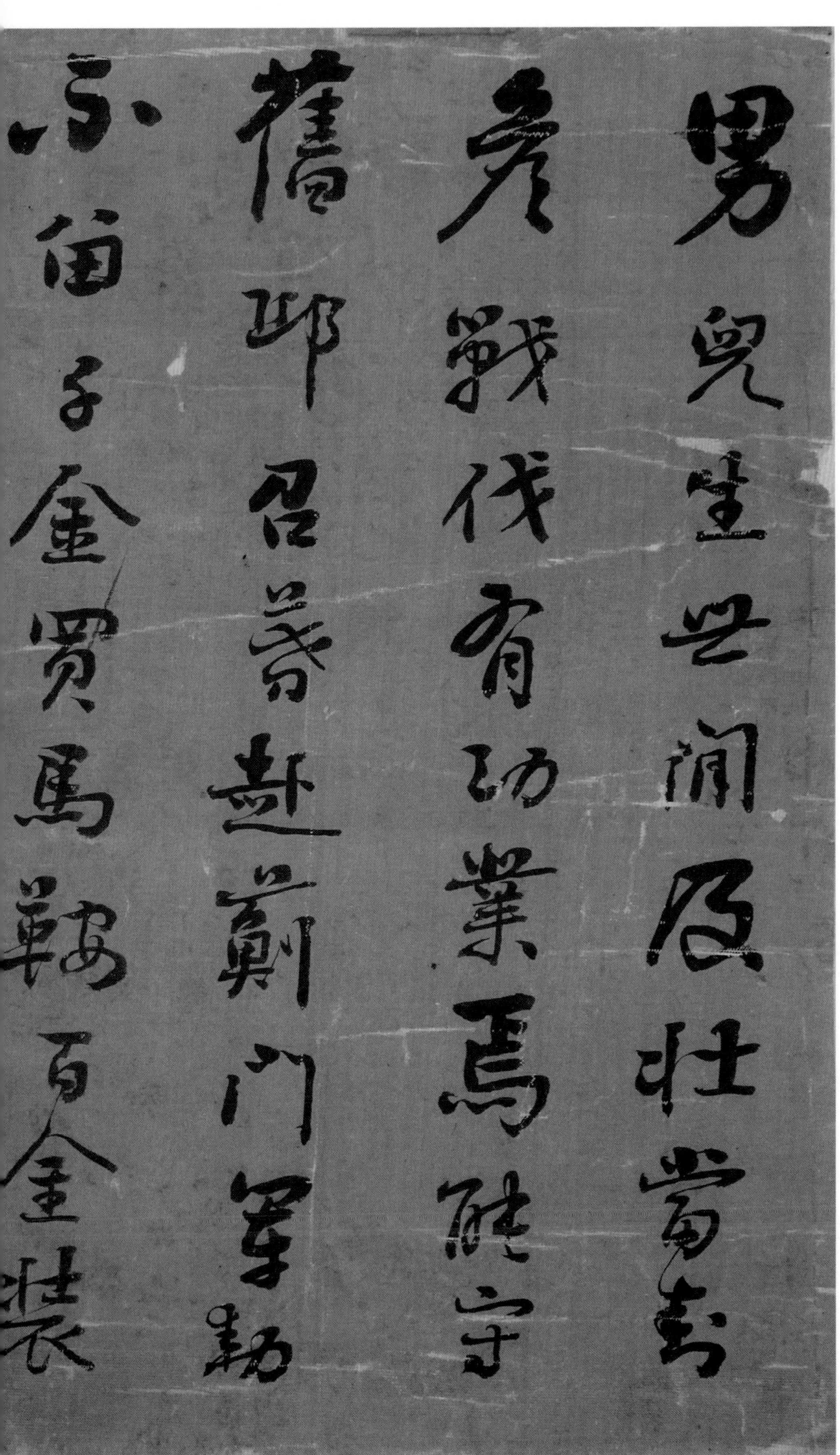

刘墉　行书
《后出塞诗五首》之一斗方
清代
纵 23 厘米，横 32.5 厘米

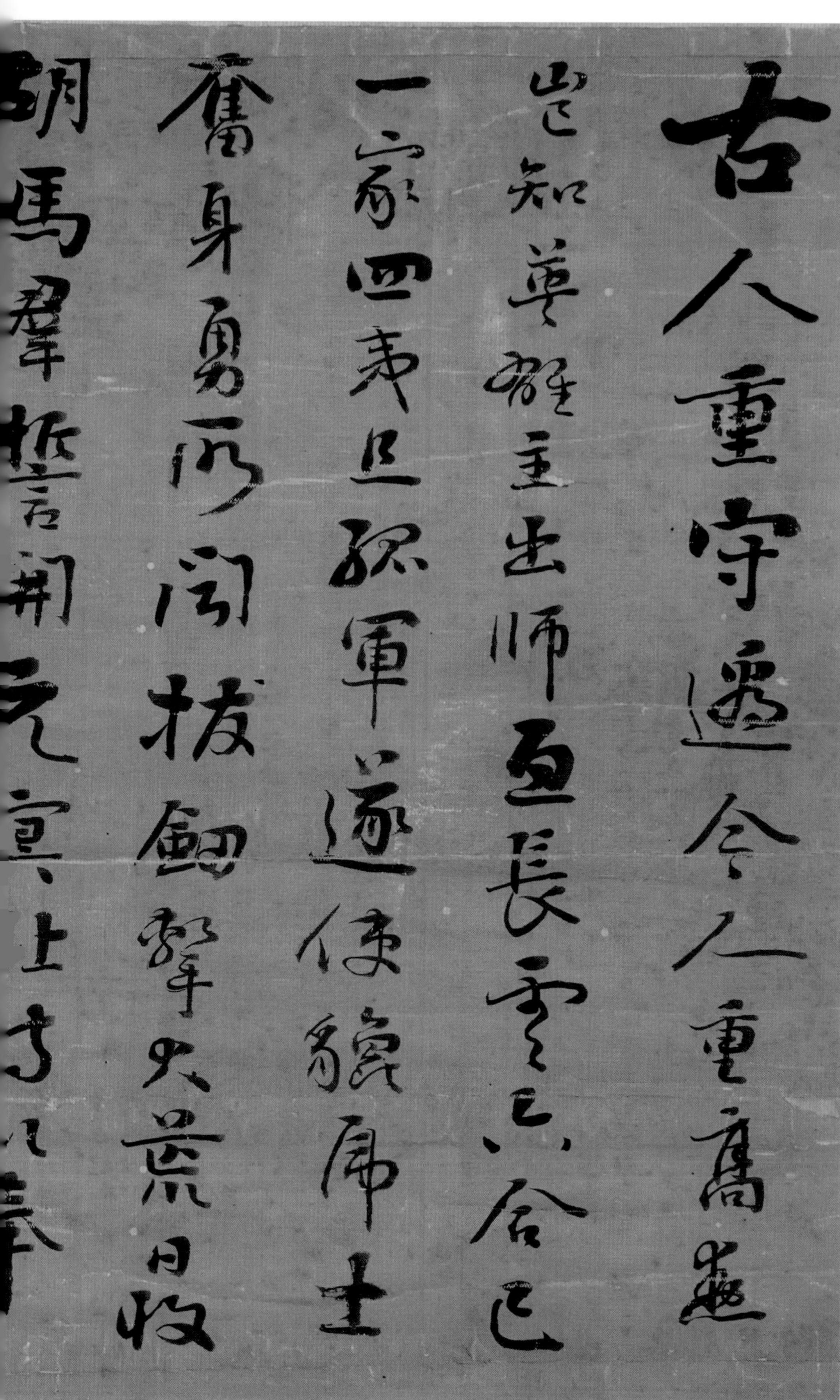

刘墉　行书斗方　清代

纵 23 厘米，横 32.5 厘米

篆紆文杳窱而不見陽 吉應

亮才三尺之八同年命即亡 弟文蔚

李夫人蓮花女淄歲黃之畫作思下八世八

莊六合明巖之如涉塵與千丈清淺談

攀織女機一風三日吹倒小白浪高丈尺

宮闕奇警極其纖以渾灑出之其他如

長風入短袂兩手如懷冰炎炎夷松

安見此樹表羅幃幽卷似有人開明

彭邦畴等　楷书诗文册页　清代

左：纵 60 厘米，横 23.5 厘米

右：纵 46 厘米，横 23.5 厘米

有衰年狂蹤妄動喜事者皆非常理若乃以見事風生之少年為任事以念頽衰冷之懦夫為老成則誤矣鄧禹沈毅馬援矍鑠古誠有之豈多得哉

亮才賢弟屬時甲申伏日友人彭邦疇書於古春軒中

人之念頭與氣血同為消長四十以前是
進心識見未定而敢於有為四十以後是
定心識見既定而事有酌量六十以後是
退心見識雖真而精力不振未必人人皆
此而此其大凡也古者四十仕六十七十
致仕蓋審之矣人亦有少年不任事者亦

彭邦畴等　楷书诗文册页

清代

纵 60 厘米，横 23.5 厘米

月對堋馬似浮雲向埒雁失群而行

斷猨求林而路絶控玉勒而摇星跨

金鞍而動月乃有六郡良家五陵

豪選新迴馬邑之兵始罷龍池之

戰將軍戎服來參武讌尚帶流星

猶乘奔電

亮才五兄同年正弟繼昌

於是咀銜拉鐵逐日追風並試長楸之埒俱下蘭池之宮鳴鞭則汗赭入埒則塵紅既觀賢於大射乃頒政於司弓變三驅而畫鹿登百尺而懸熊繁弱振地鏤驪踏空禮正六耦詩歌九節七札俱穿五豝同穴弓如明

彭邦畴等　楷书诗文册页
清代
纵 46 厘米，横 23.5 厘米

李祜　仿黄公望山水图轴　清代

纵 133 厘米，横 80 厘米

张栋　山水图册页之一　清代

纵 11.8 厘米，横 26 厘米

张栋　山水图册页之二　清代

张栋　山水图册页之三　清代

张栋　山水图册页之四　清代

张栋　山水图册页之五　清代

张栋　山水图册页之六　清代

张栋　山水图册页之七　清代

张栋　山水图册页之八　清代

张栋　山水图册页之九　清代

张栋　山水图册页之十　清代

张栋　山水图册页之十一　清代

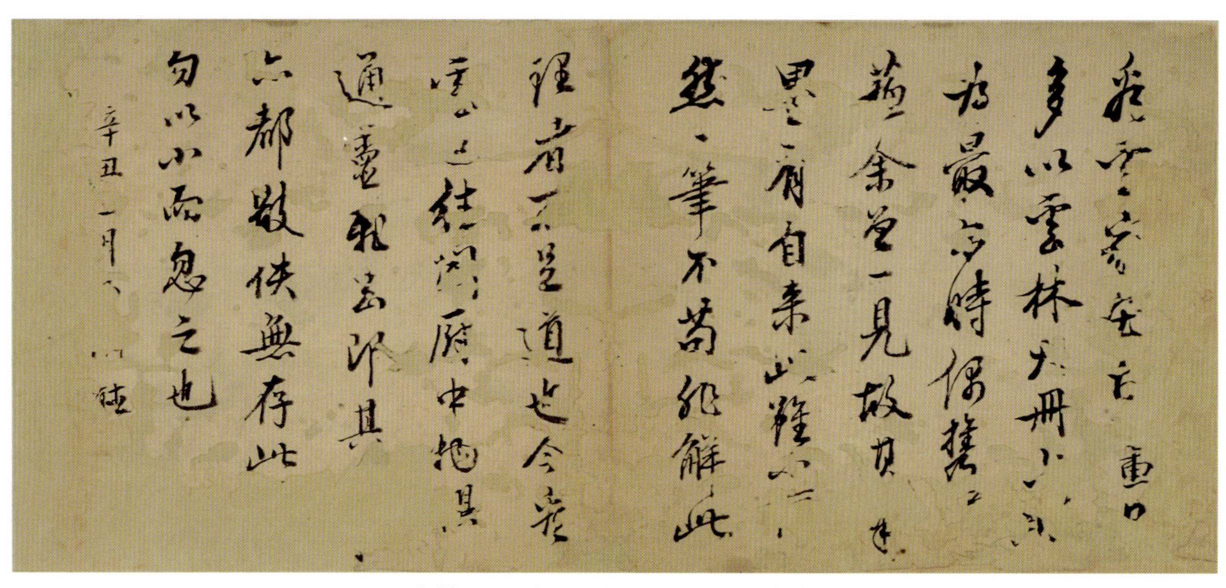

张栋　山水图册页之十二　清代

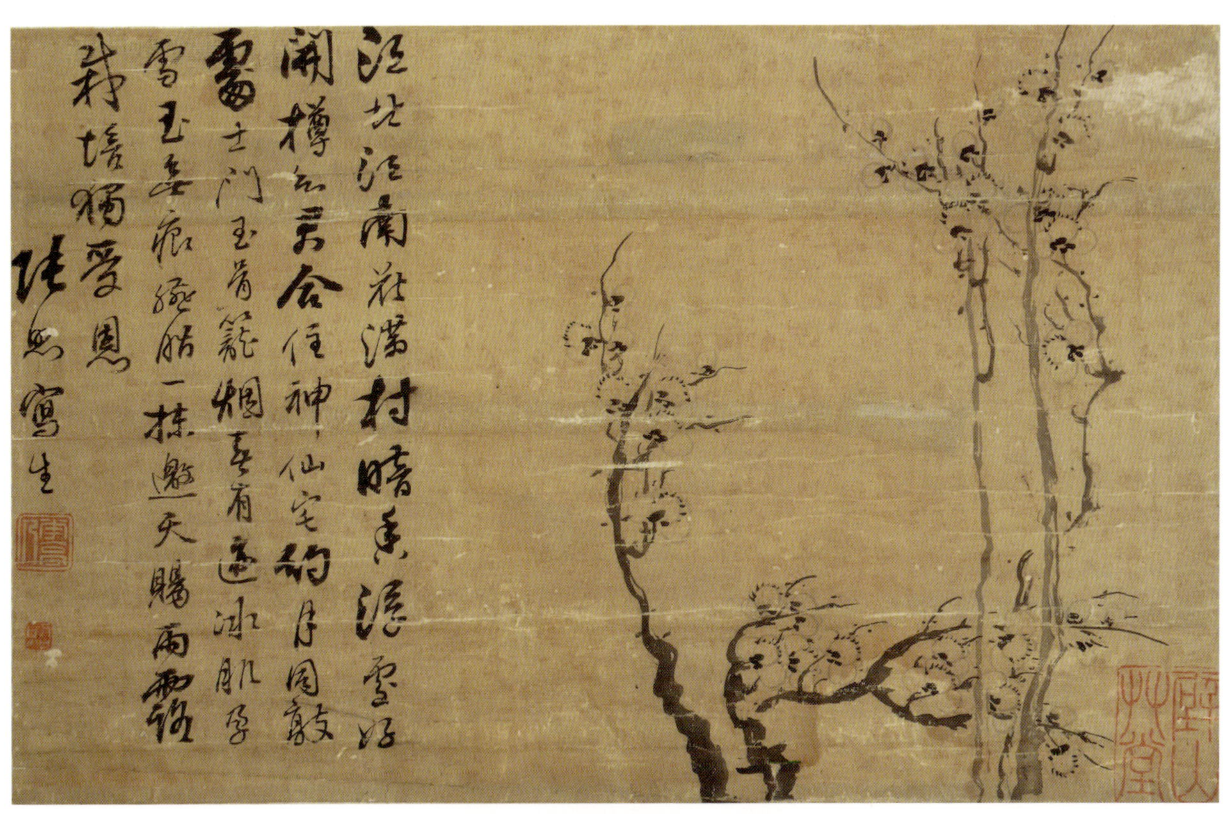

张照　墨梅图册页　清代

纵 22.2 厘米，横 34.3 厘米

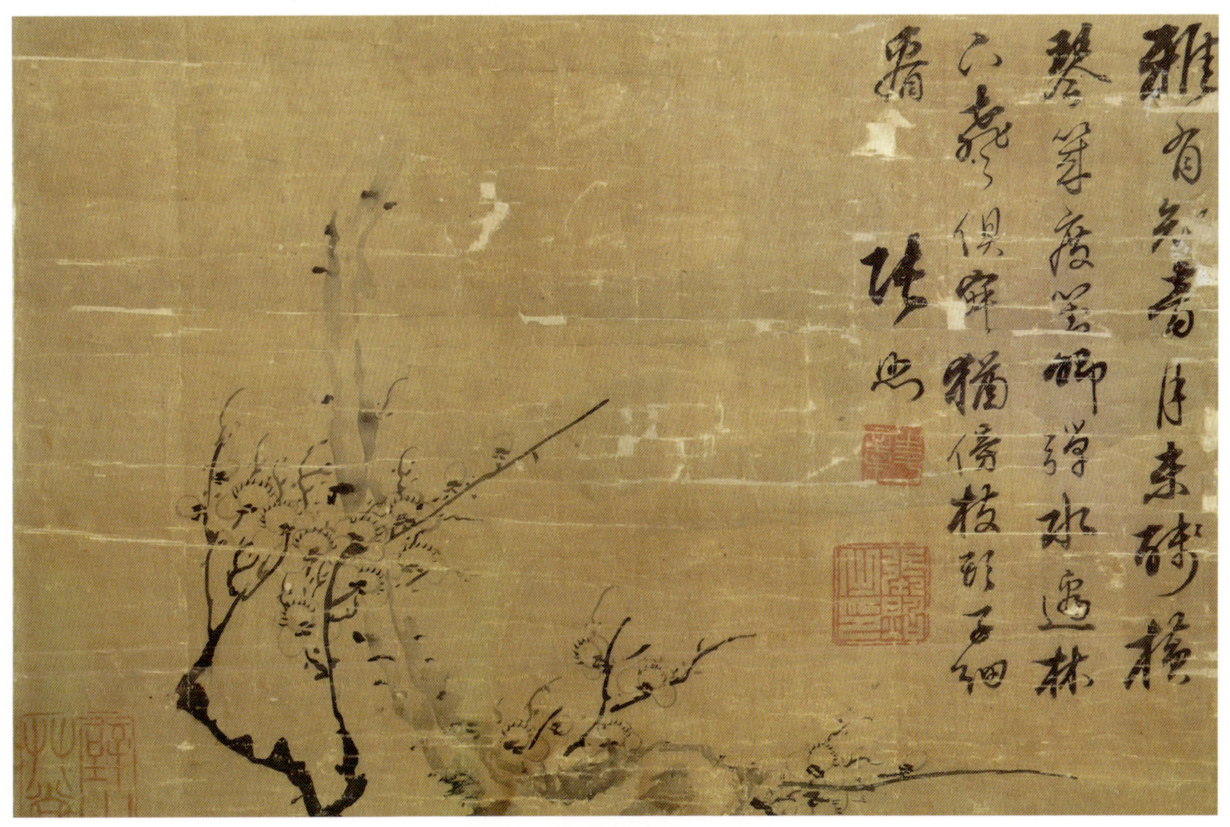

张照　墨梅图册页　清代

纵 21.3 厘米，横 32.5 厘米

彭奎五　山水斗方　清代

纵 32 厘米，横 32 厘米

彭奎五　山水斗方　清代

纵 32 厘米，横 33 厘米

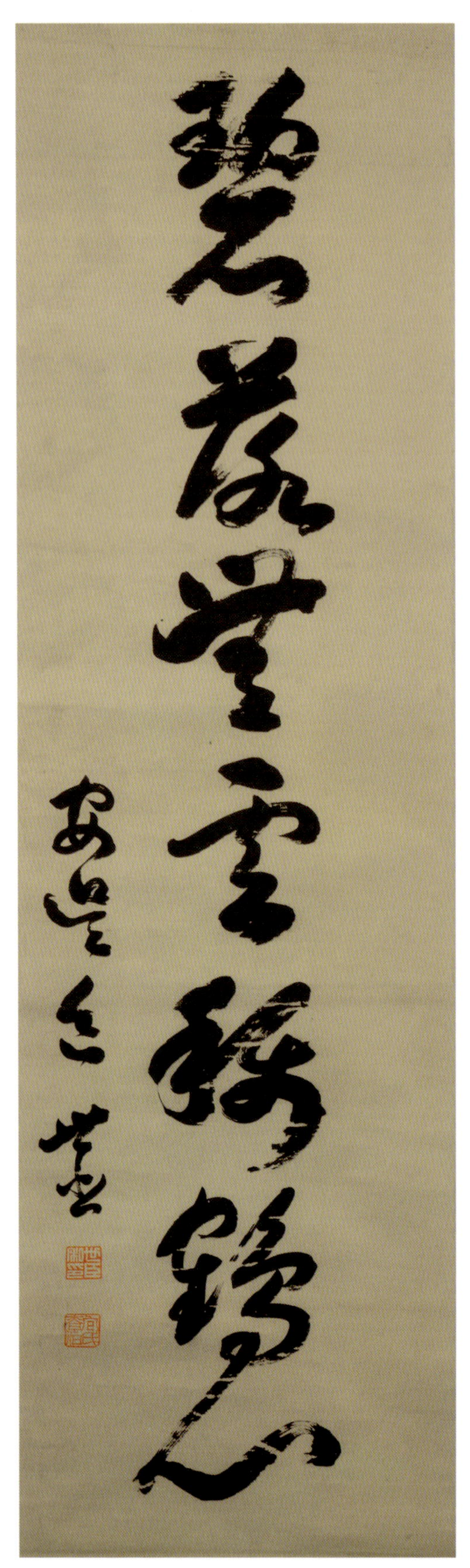

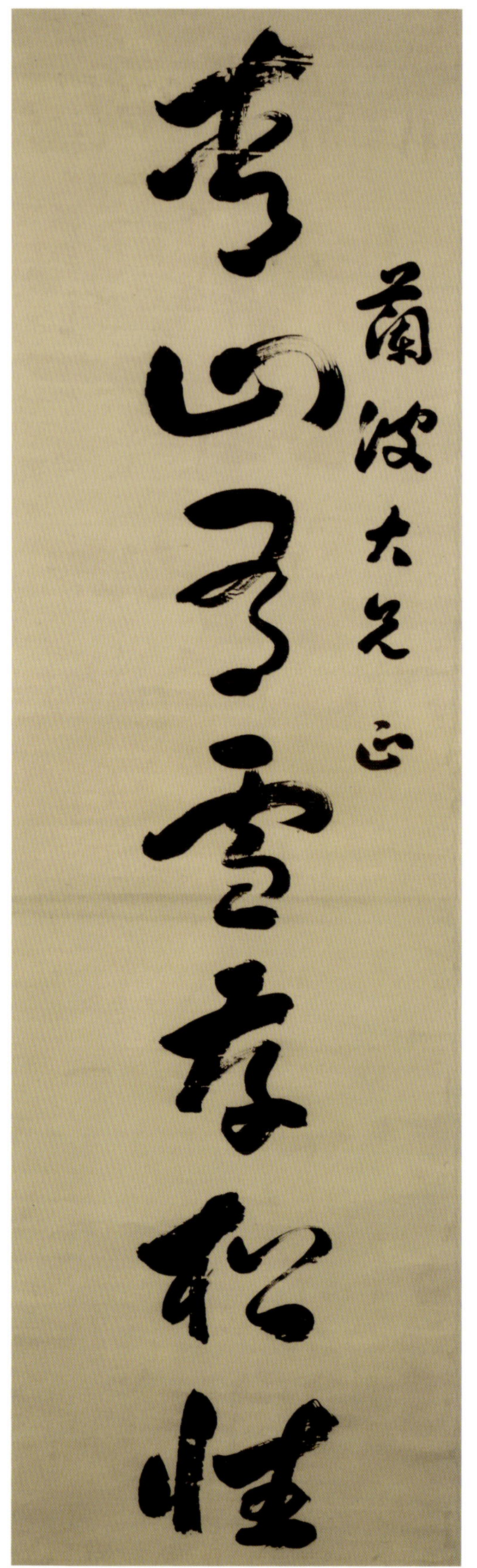

包世臣　行书七言联　清代

纵 126.5 厘米，横 35 厘米

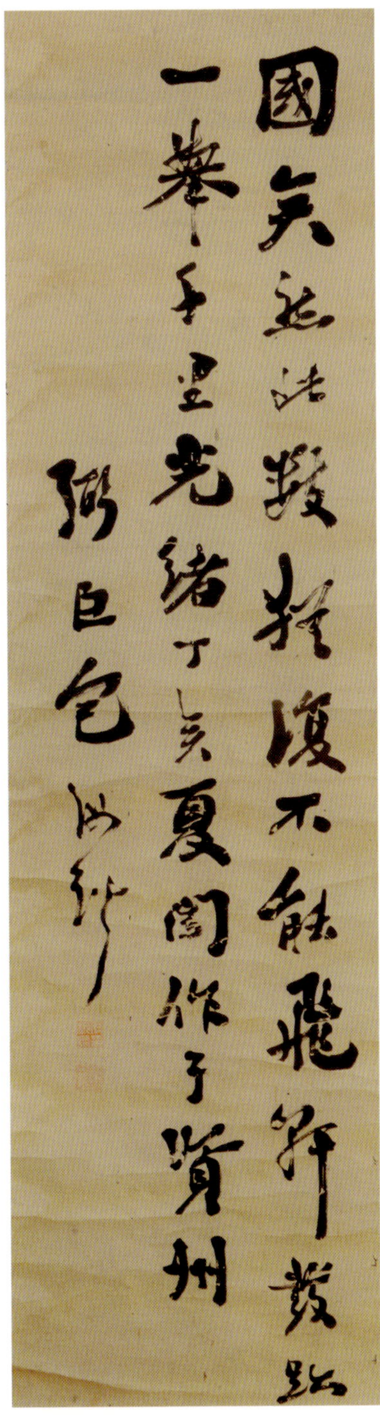

包汝谐　行书屏（残）　清代

纵 179 厘米，横 43.3 厘米

杜关　楷书自作诗横幅　清代

纵 22 厘米，横 58 厘米

夫每水落時堅築馬叉至來年春中啓謂之開堰水分南北流於是有内江外江之別川西一帶稻田全賴此水灌溉據土人言常年開堰大率決去十四馬叉或十五馬叉而止少則田水不足多則有夏漲奔流之患此定則也今春苦旱田多乾涸因去冬雨雪甚希來源不暢開堰後至有司憂之於是決至十九馬叉其水盤紆溉浸至三月二十七日始達成都為目前計田水霑足喜可知已如夏漲何害未形而憂之未有不咲其迂者矣 甲子四月二日識

翳余窮徼外以西緣氐道尋大江源水出羊膊嶺逶逶東南下白馬天彭門田行龍涸北部五百餘里逕汶阜濕阪江流奔命曰岷東至都安桃關溪溪滭觴其間浩無垠秦命太守冰作大堰於江為之藩籬湔堋湔堋不可以論沈石犀五

衡斋　杂花图横幅　清代

纵 32.5 厘米，横 193 厘米

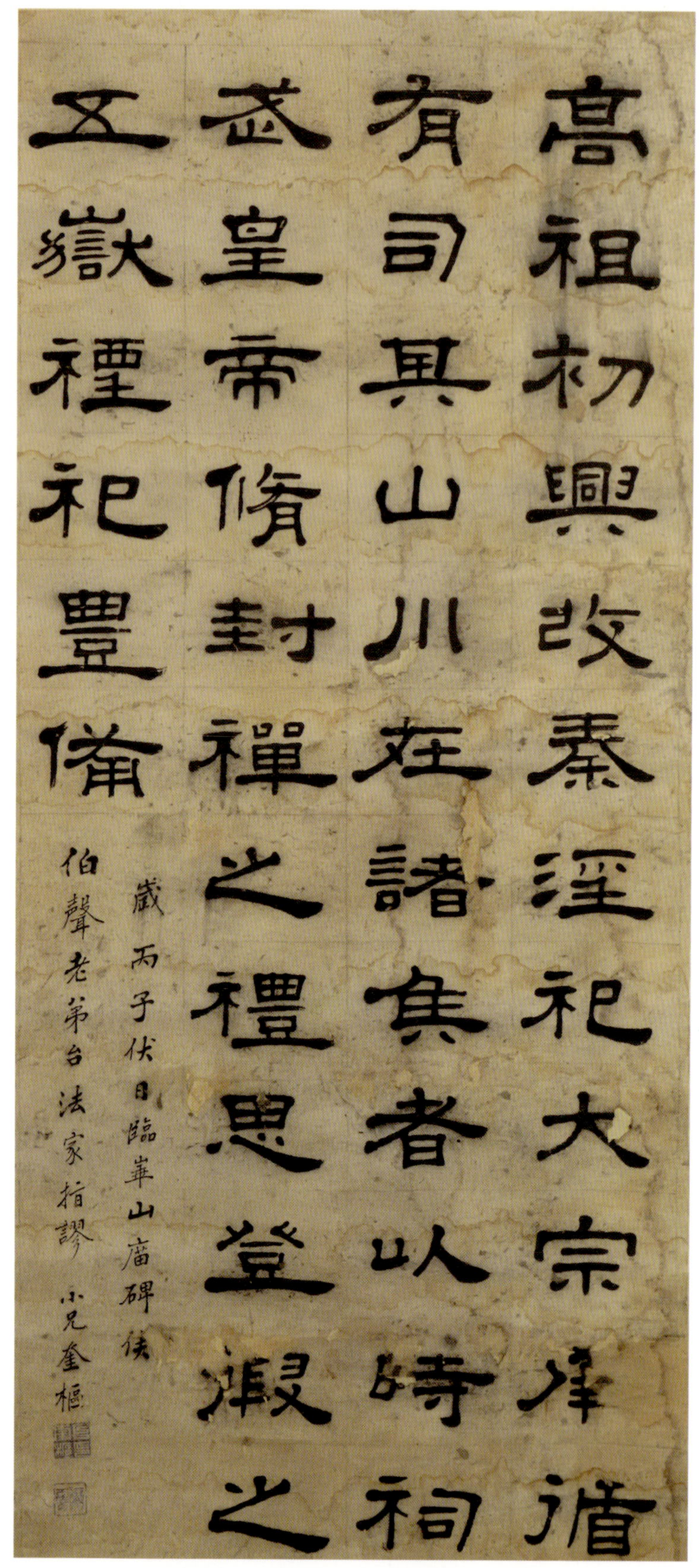

邓奎枢　隶书临华山庙碑轴　清代

纵 70 厘米，横 26 厘米

邓奎枢　隶书诗文轴　清代

纵 109 厘米，横 32 厘米

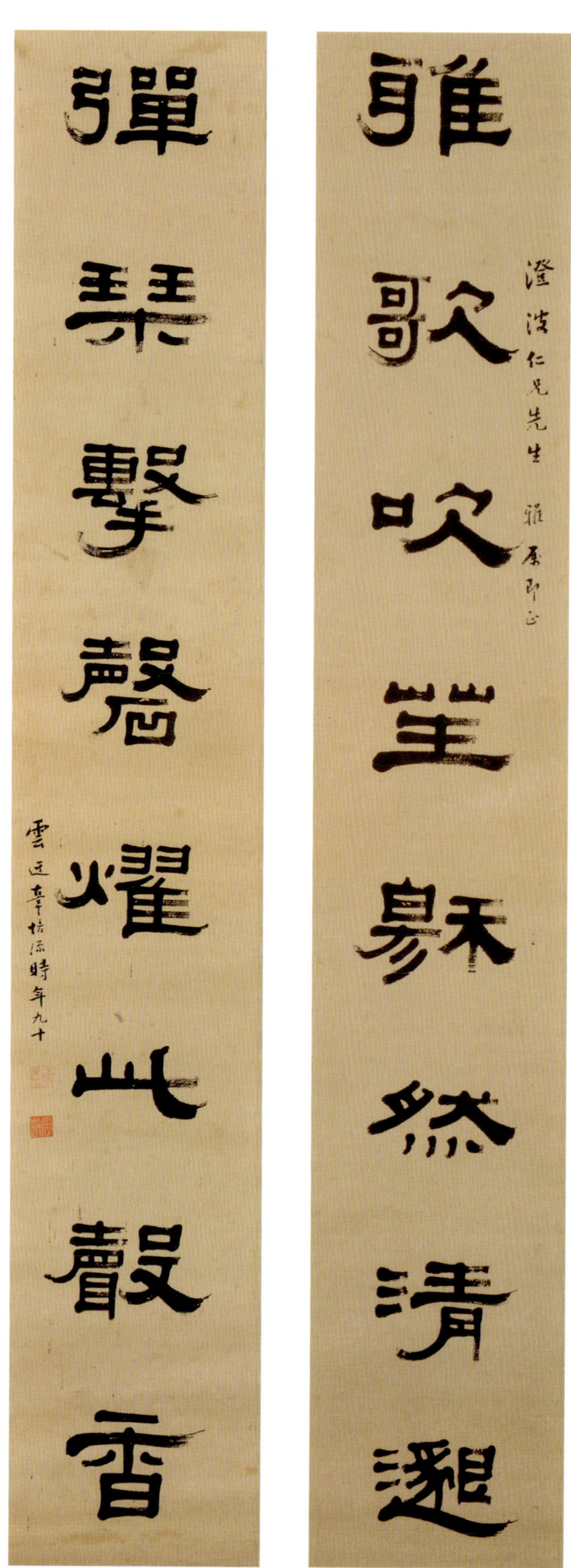

辜云若　隶书八言联　清代

纵 144 厘米，横 22 厘米

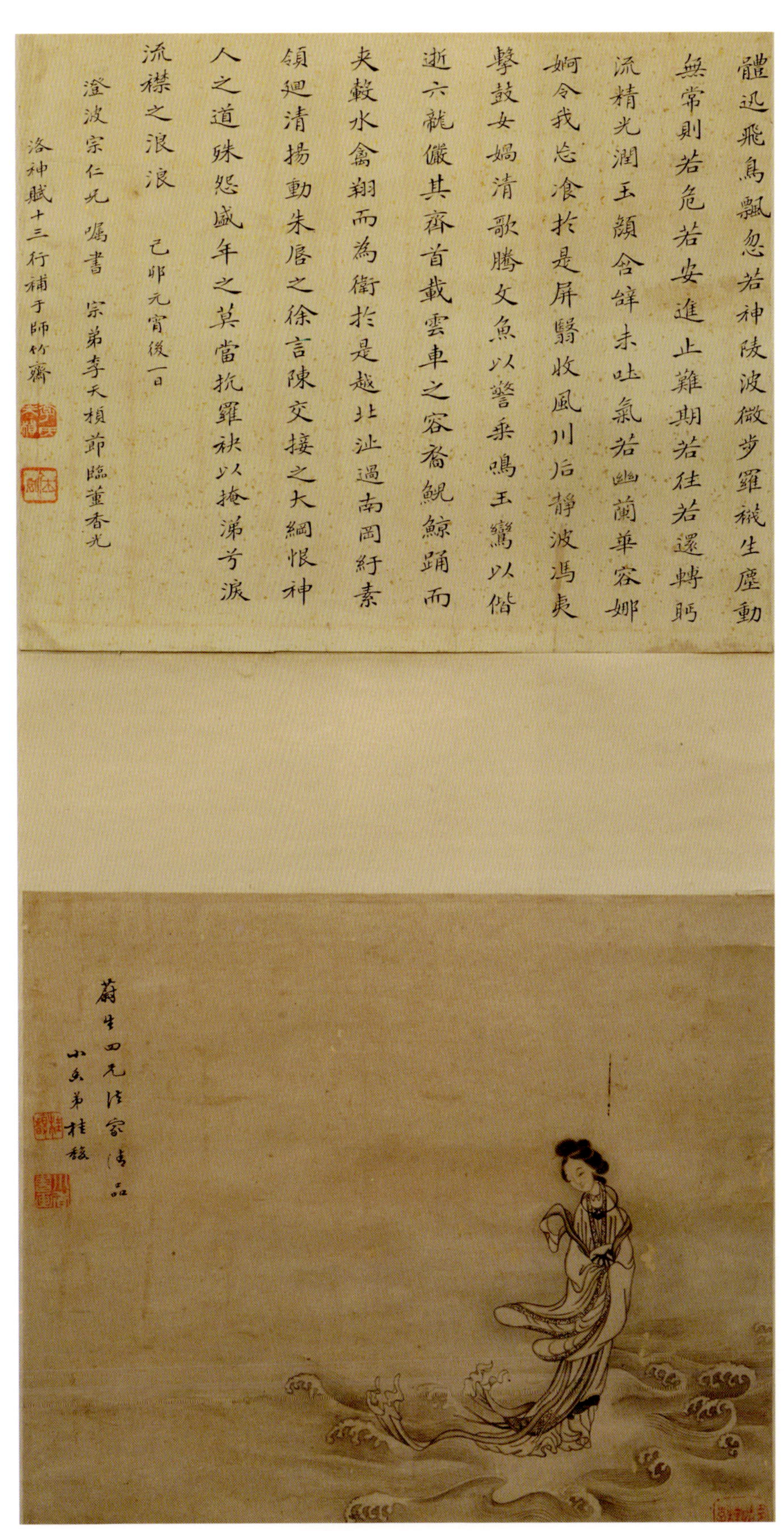

桂馥 仕女图　清代

纵 17 厘米，横 19 厘米

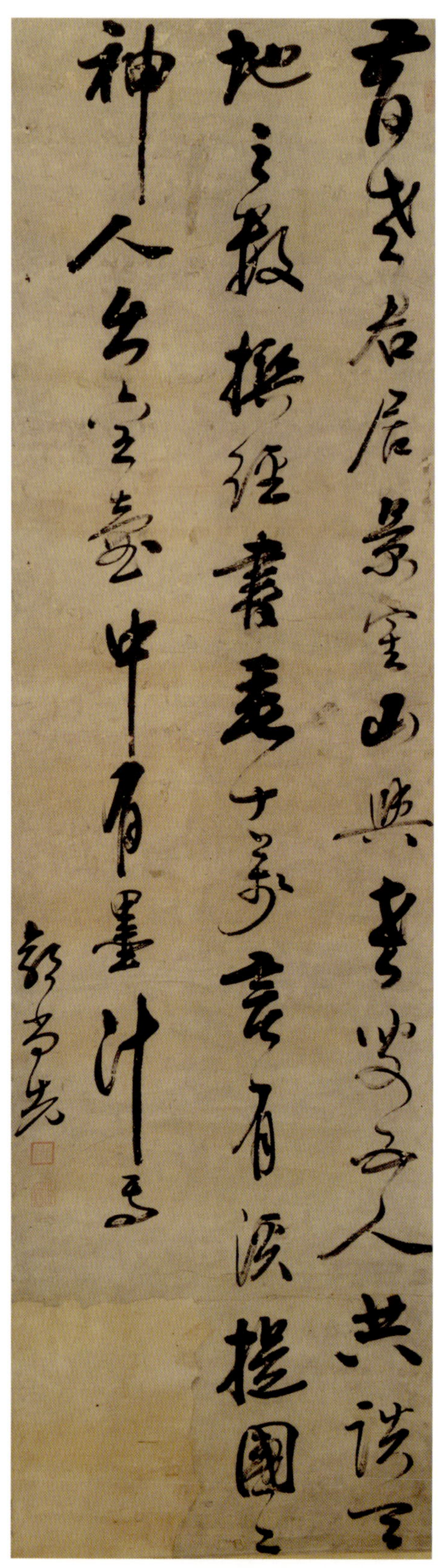

郭尚先　行书诗文轴　清代
纵 146 厘米，横 26 厘米

何源　花卉图轴　清代
纵 129 厘米，横 33 厘米

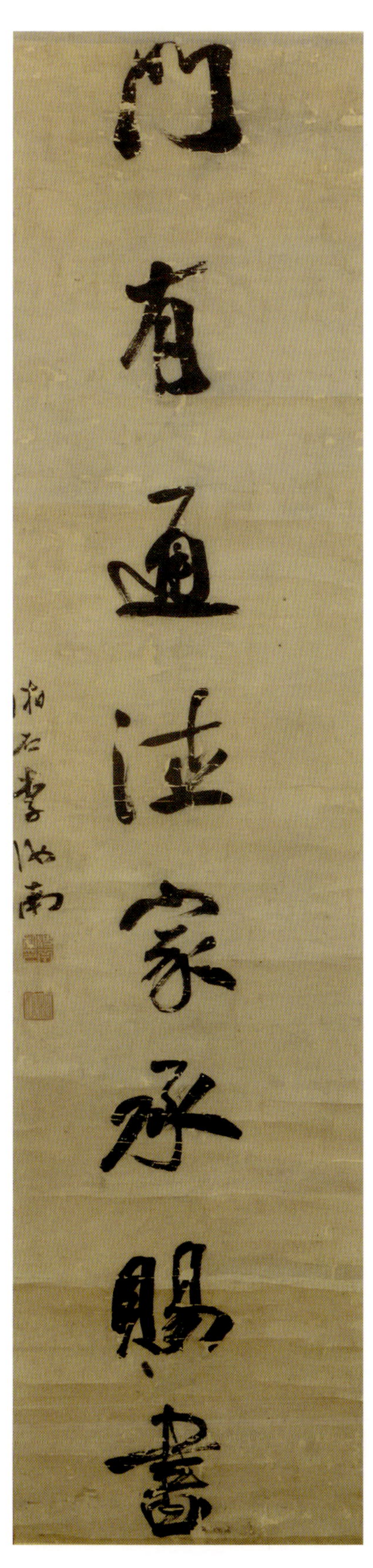

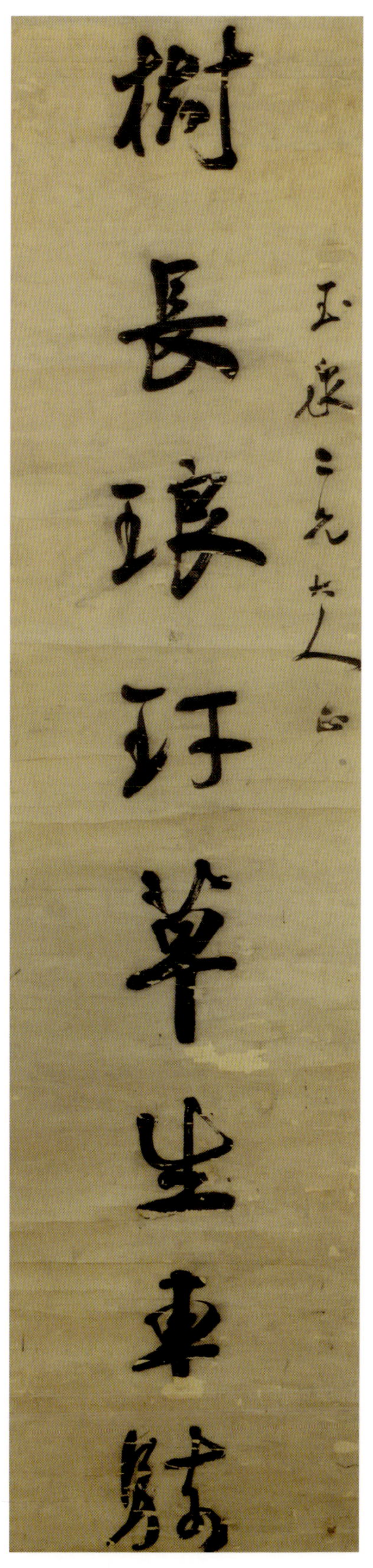

李汝南　行书八言联　清代

纵 144 厘米，横 31.5 厘米

佚名　松鹤延年图轴　清代

纵 178 厘米，横 47 厘米

罗西痴　山水画轴　清代

纵 93 厘米，横 26 厘米

傅山　指画墨竹图轴

清代

纵 162 厘米，

横 30 厘米

傅山　指画墨竹图轴

清代

纵 162 厘米，

横 30 厘米

罗耀秋　花卉图册页　清代

纵 30.5 厘米，横 24.5 厘米

罗耀秋　花卉图册页　清代

纵 30.5 厘米，横 24.5 厘米

罗耀秋　花卉图册页　清代

纵 30.5 厘米，横 24.5 厘米

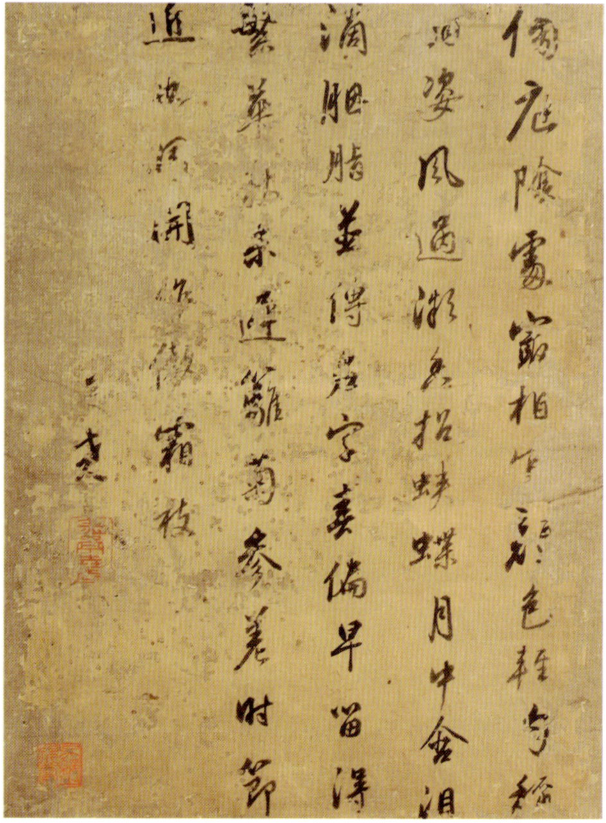

年羹尧　花卉册页　清代

纵 22.5 厘米，横 17.5 厘米

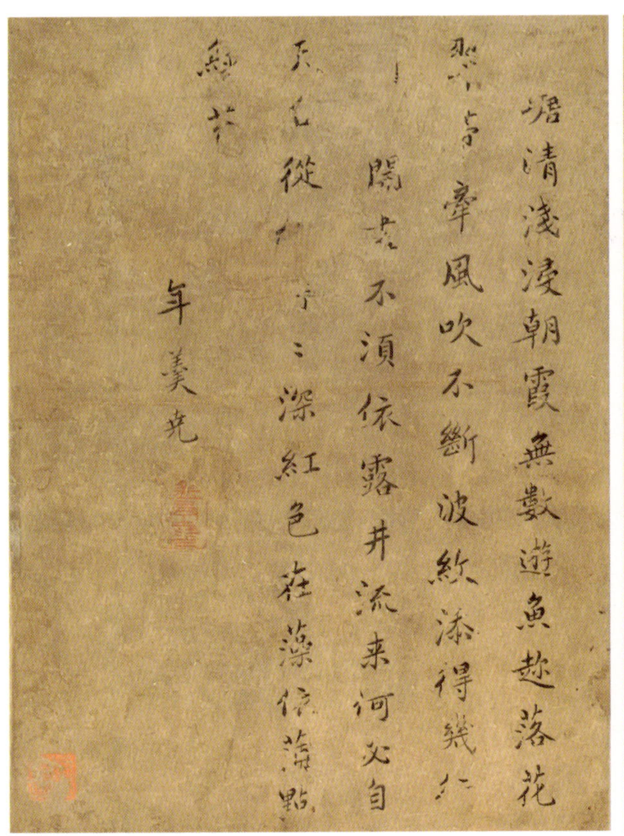

年羹尧　花卉册页　清代

纵 22.5 厘米，横 17.5 厘米

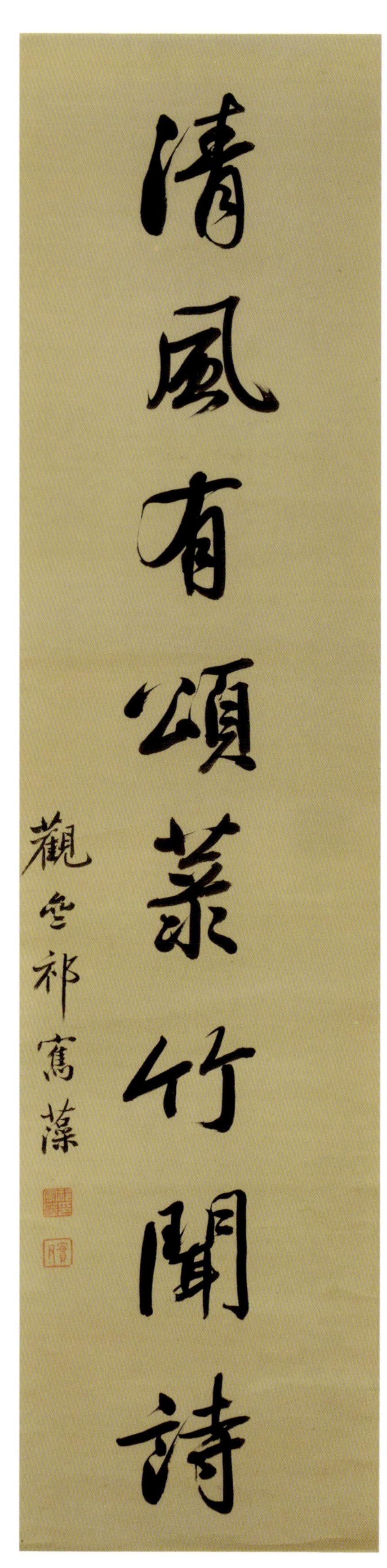

祁寯藻　行书八言联　清代

纵 171.5 厘米，横 40.5 厘米

润伯　花卉图屏　清代

纵 158.5 厘米，横 43.5 厘米

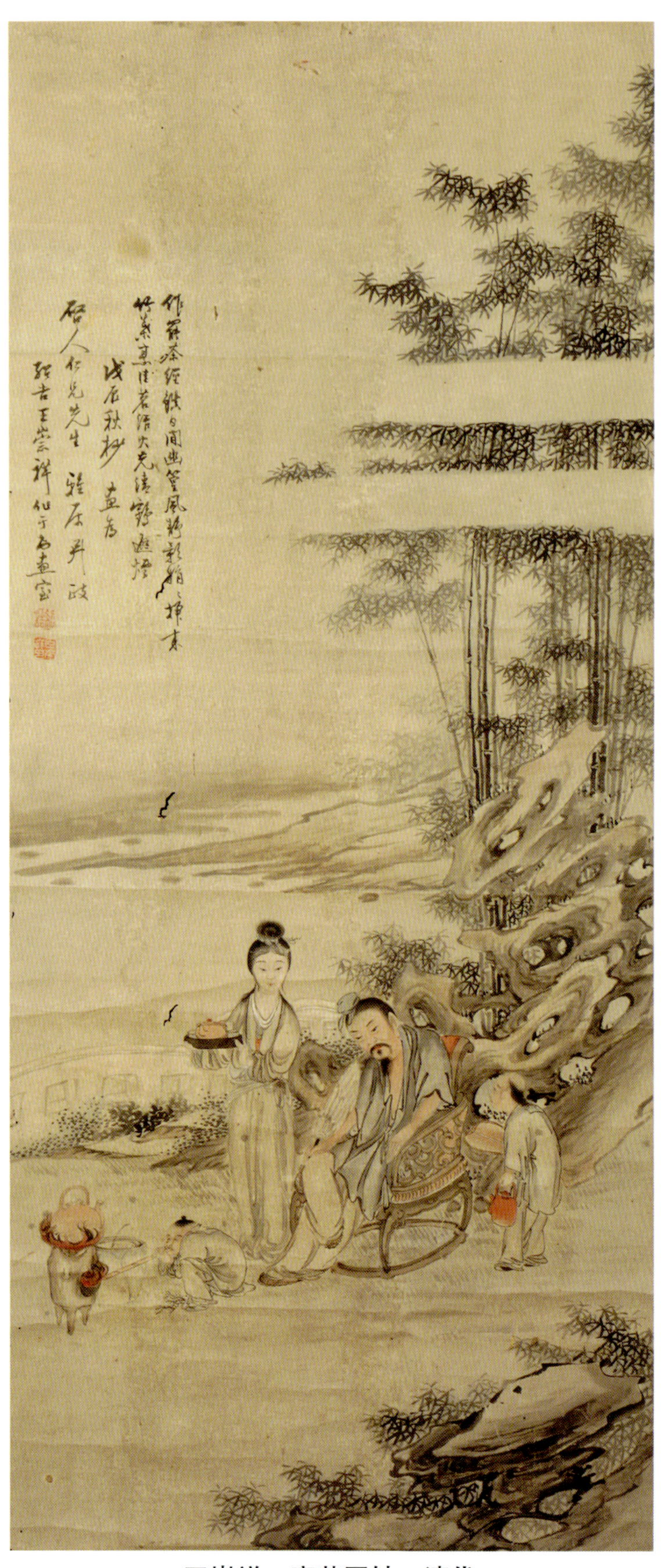

王崇祥　烹茶图轴　清代

纵 86 厘米，横 33.6 厘米

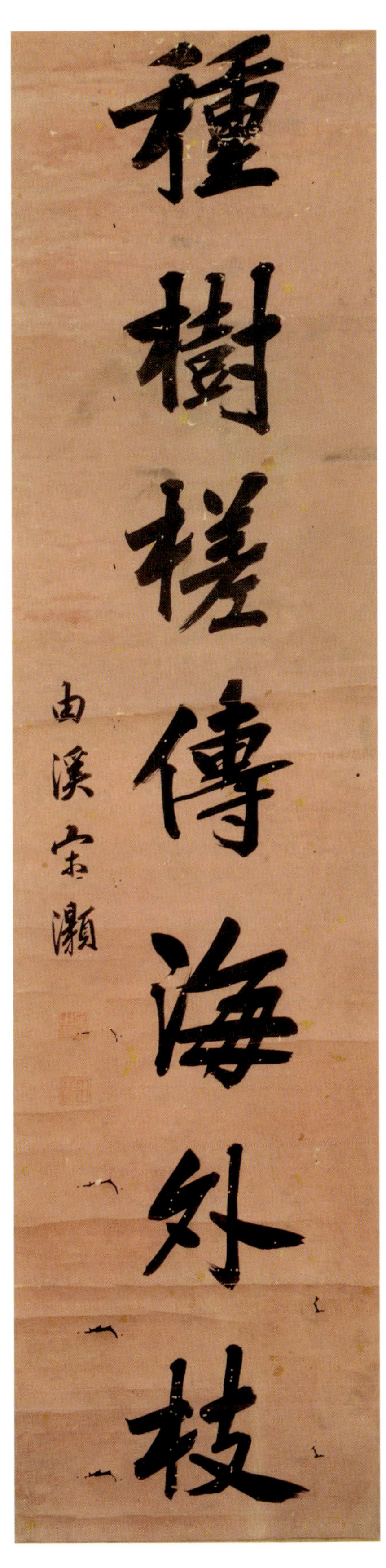

宋灏　行书七言联　清代

纵 124.5 厘米，横 29 厘米

童煦章　山水图册页之一　清代

纵 44 厘米，横 29 厘米

童煦章　山水图册页之二　清代

童煦章　山水图册页之三　清代

童煦章　山水图册页之四　清代

童煦章　山水图册页之五　清代

童煦章　山水图册页之六　清代

童煦章　山水图册页之七　清代

童煦章　山水图册页之八　清代

童煦章　山水图册页之九　清代

吴鼒　行书七言联　清代

纵 129 厘米，横 28.5 厘米

绣章　山水图屏　清代

纵 108 厘米，横 32.5 厘米

颜楷　楷书八言联　清代

纵 158.5 厘米，横 34.2 厘米

佚名　韩信遇漂母图　清代

纵 135 厘米，横 33 厘米

佚名　牡丹锦鸡图　清代

纵 190 厘米，横 48 厘米

岳东阳　行书对联　清代

纵 121.8 厘米，横 20 厘米

佚名　山水图横幅　清代

纵 91.5 厘米，横 166.5 厘米

朱鹤龄　山水图轴

清代

纵 84 厘米，
横 27 厘米

周德庄　织女图轴

清代

纵 82 厘米，

横 33 厘米

佚名　篆书孝经册页　清代

每幅纵 19 厘米，横 20 厘米

紫燎光　梅雀图　清代

纵 69.5 厘米，横 140.3 厘米

竹禅　梅花八哥图　清代

纵 122 厘米，横 59 厘米

左锡嘉　工笔仕女图屏　清代

纵 82 厘米，横 19 厘米

左锡嘉　工笔仕女图屏　清代

纵 82 厘米，横 19 厘米

陈敏　墨梅图屏　清代

纵 130 厘米，横 32 厘米

陈敏　墨梅图屏　清代

纵 130 厘米，横 32 厘米

陈敏　墨梅图屏　清代

纵 130 厘米，横 32 厘米

陈敏　墨梅图屏　清代

纵 130 厘米，横 32 厘米

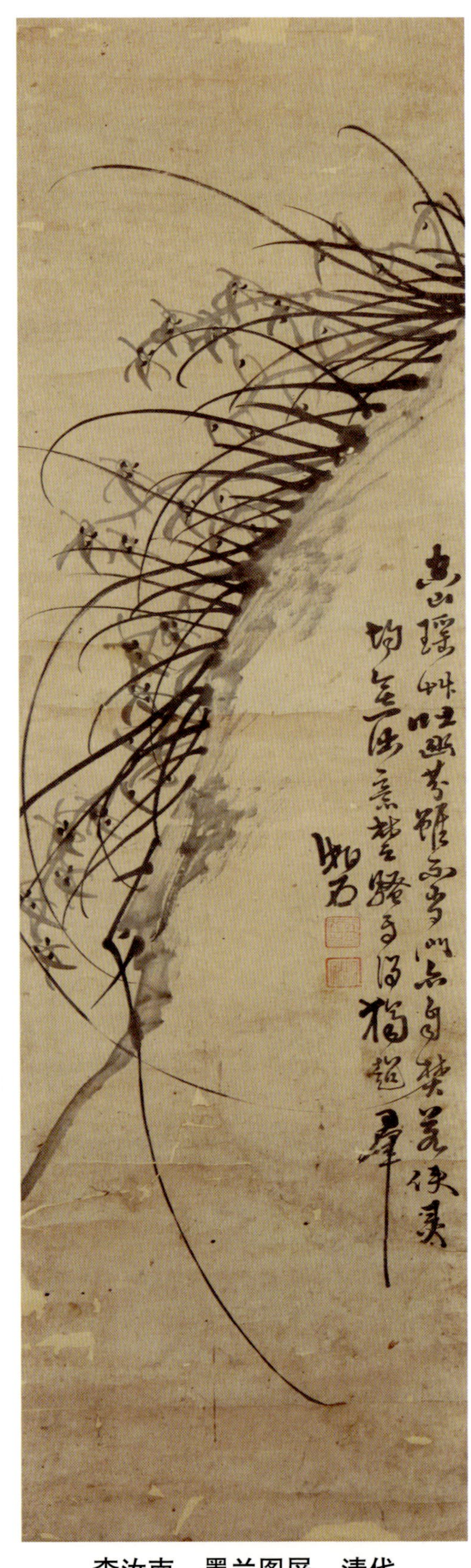

李汝南　墨兰图屏　清代

纵 103 厘米，横 28.5 厘米

李汝南　墨兰图屏　清代

纵 103 厘米，横 28.5 厘米

李汝南　墨兰图屏　清代

纵 103 厘米，横 28.5 厘米

李汝南　墨兰图屏　清代

纵 103 厘米，横 28.5 厘米

李有德　墨竹图屏

清代

纵 175 厘米，横 42 厘米

李有德　墨竹图屏

清代

纵 175 厘米，横 42 厘米

李有德　墨竹图屏　清代

纵 175 厘米，横 42 厘米

刘锡玲　指画花卉图屏　清代

纵 77.1 厘米，横 25.5 厘米

刘锡玲　指画花卉图屏　清代

纵 77.1 厘米，横 25.5 厘米

刘锡玲　指画花卉图屏　清代

纵 77.1 厘米，横 25.5 厘米

刘锡玲　指画花卉图屏　清代

纵 77.1 厘米，横 25.5 厘米

孙清士　菊花图屏　清代

纵 175 厘米，横 45 厘米

孙清士　菊花图屏　清代

纵 175 厘米，横 45 厘米

孙清士　菊花图屏　清代

纵 175 厘米，横 45 厘米

孙清士　菊花图屏　清代

纵 175 厘米，横 45 厘米

任墉　水墨山水图轴　清代

纵 165 厘米，横 101 厘米

董其昌　山水图扇面　明代

纵 17 厘米，横 53 厘米

文嘉　山石菖蒲扇面　明代

纵 16.7 厘米，横 48 厘米

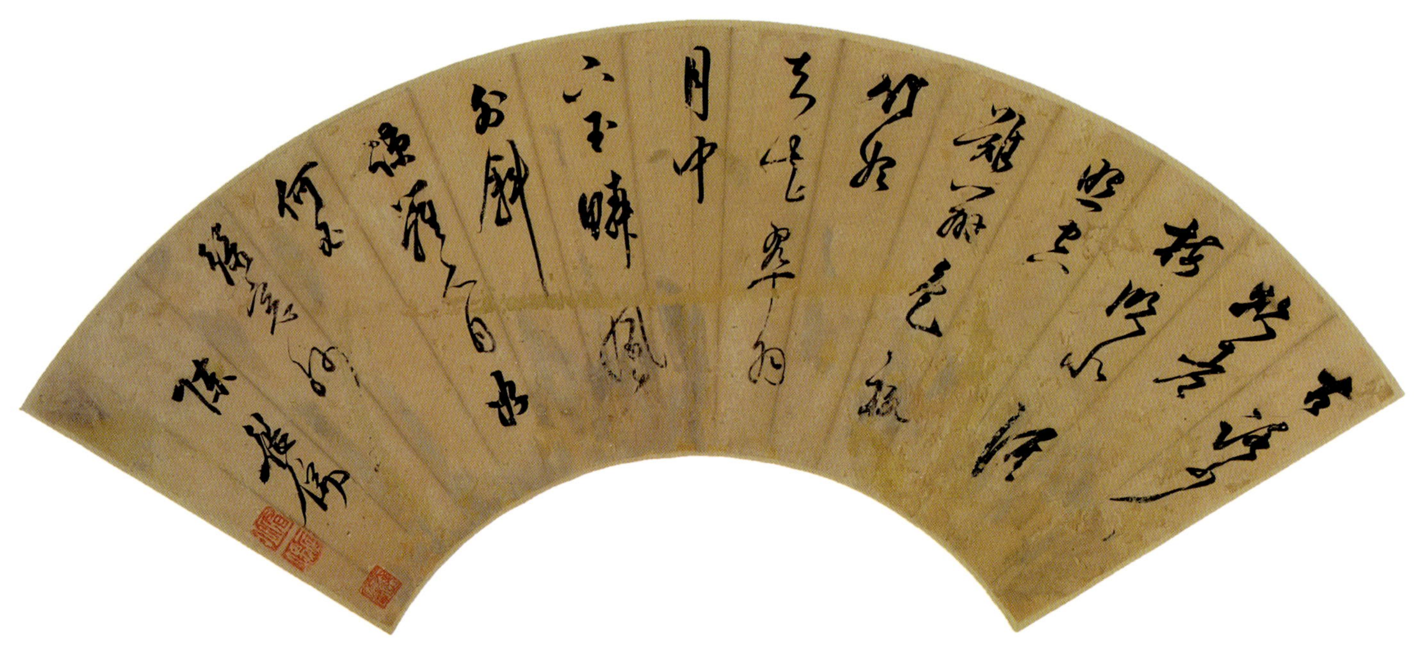

陈继儒　行书诗文扇面　明代

纵 17.5 厘米，横 54,7 厘米

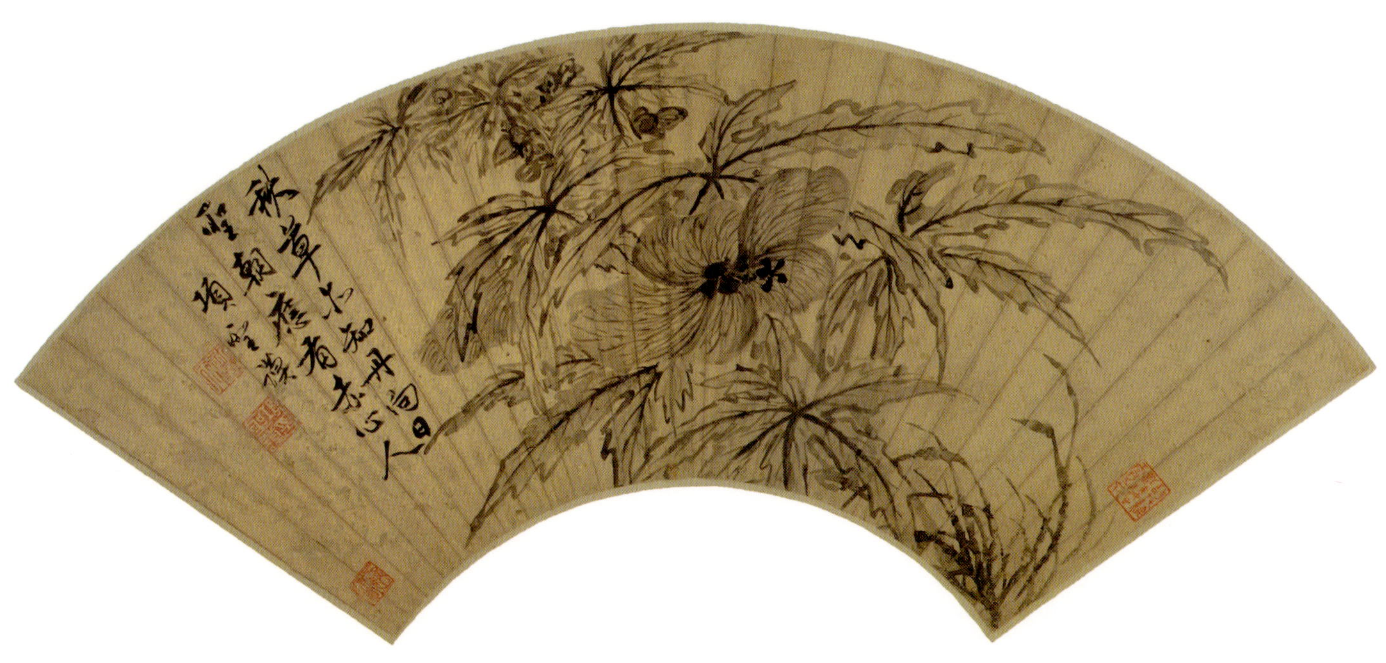

项圣谟　花卉图扇面　明代

纵 18 厘米，横 53 厘米

陆治　鹌鹑图扇面　明代

纵 20.5 厘米 横 58.5 厘米

赵之壁　水墨山水图扇面　清代

纵 16.5 厘米，横 51 厘米

翟大坤等　山水图扇面　清代

纵 17 厘米，横 51.5 厘米

毕涵　江帆万里图扇面　清代

纵 16.8 厘米，横 50.6 厘米

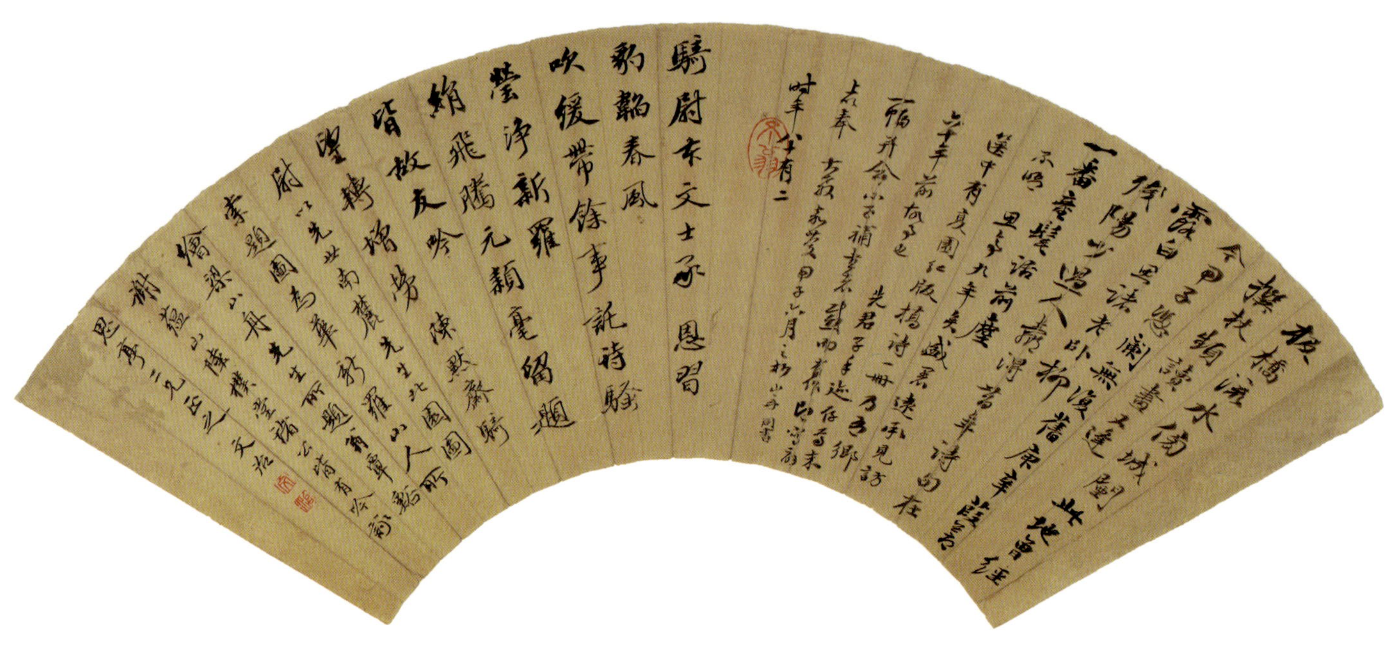

张问陶等　行书诗文扇面　清代

纵 17.5 厘米，横 54 厘米

姚远之　隶书诗文扇面　清代

纵 17 厘米，横 51 厘米

俞樾　隶书团扇　清代

直径 25 厘米

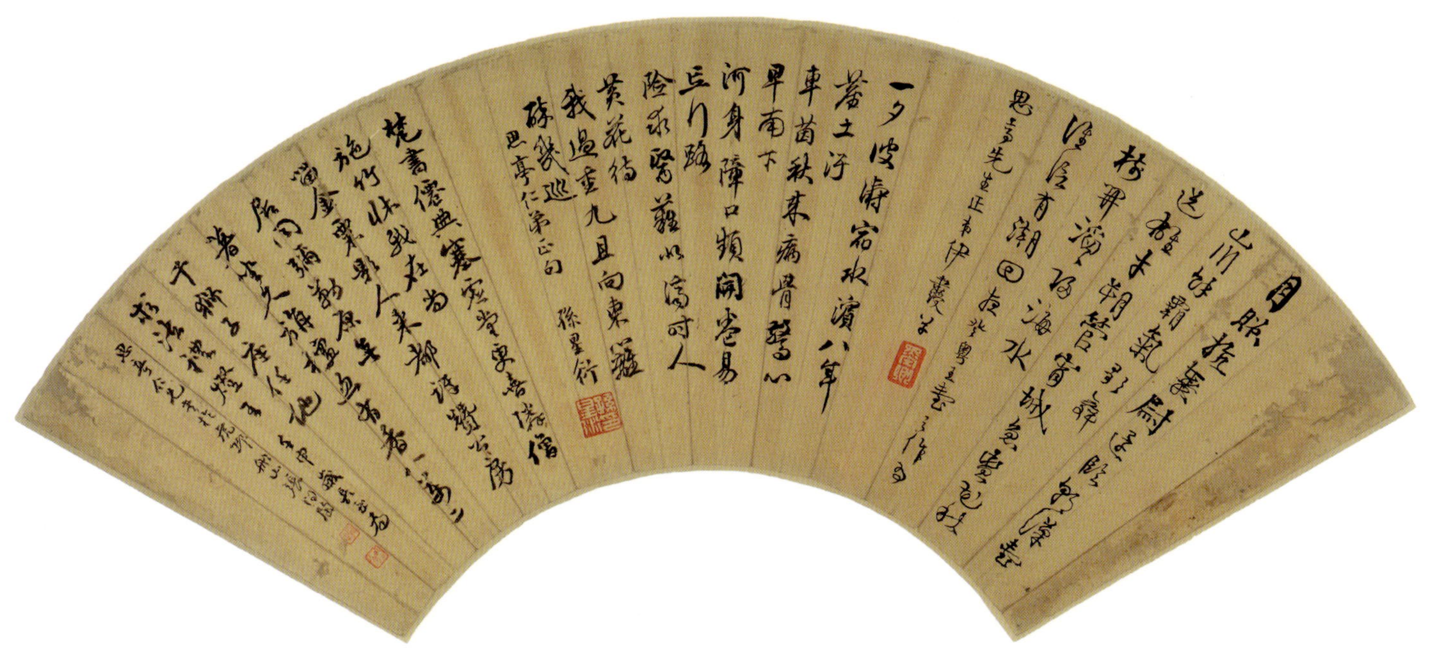

张问陶等　行书诗文扇面　清代

纵 17.5 厘米，横 54 厘米

卓椿　山水图扇面　清代

纵 18 厘米，横 53 厘米

周岱　赤壁图扇面　清代

纵 15.5 厘米 横 48.5 厘米

陈国瑚　花鸟图扇面　清代

纵 50.5 厘米，横 16.6 厘米

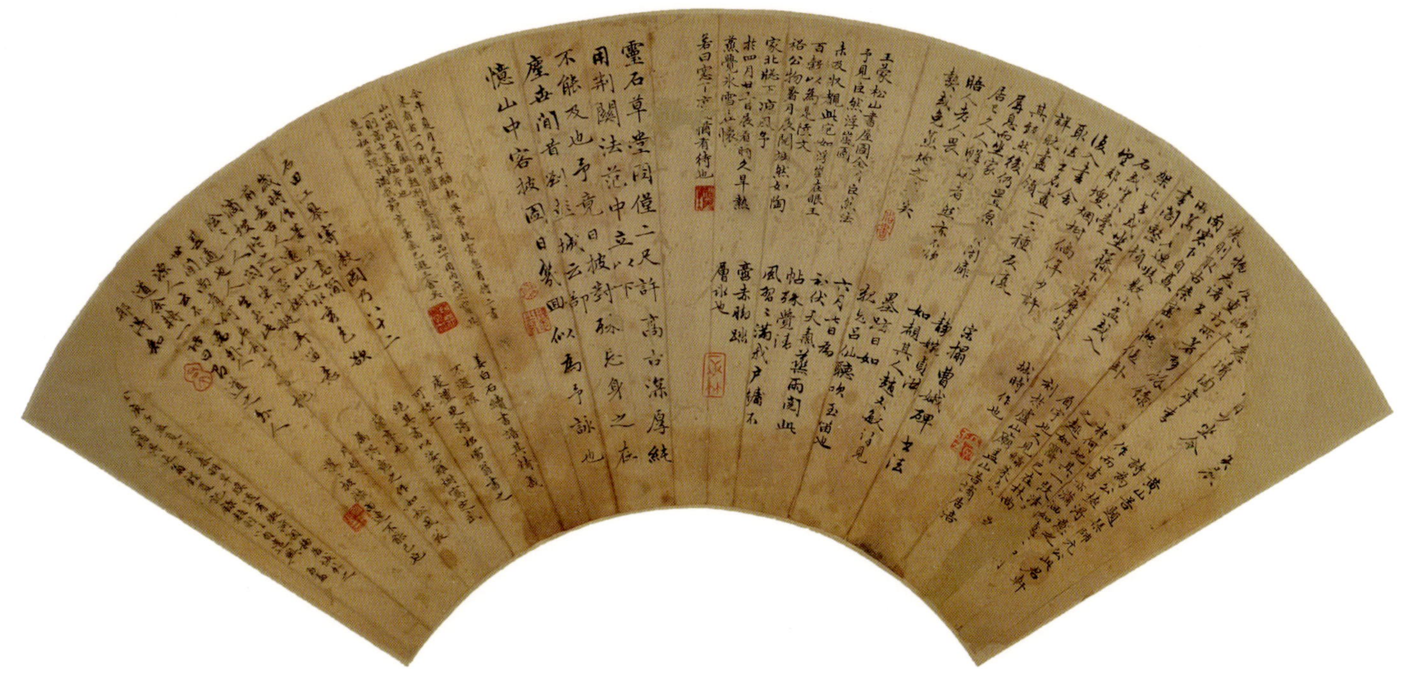

成亲王　楷书诗文扇面　清代

纵 22.4 厘米，横 61.5 厘米

成亲王　兰花图扇面　清代

纵 23 厘米，横 64 厘米

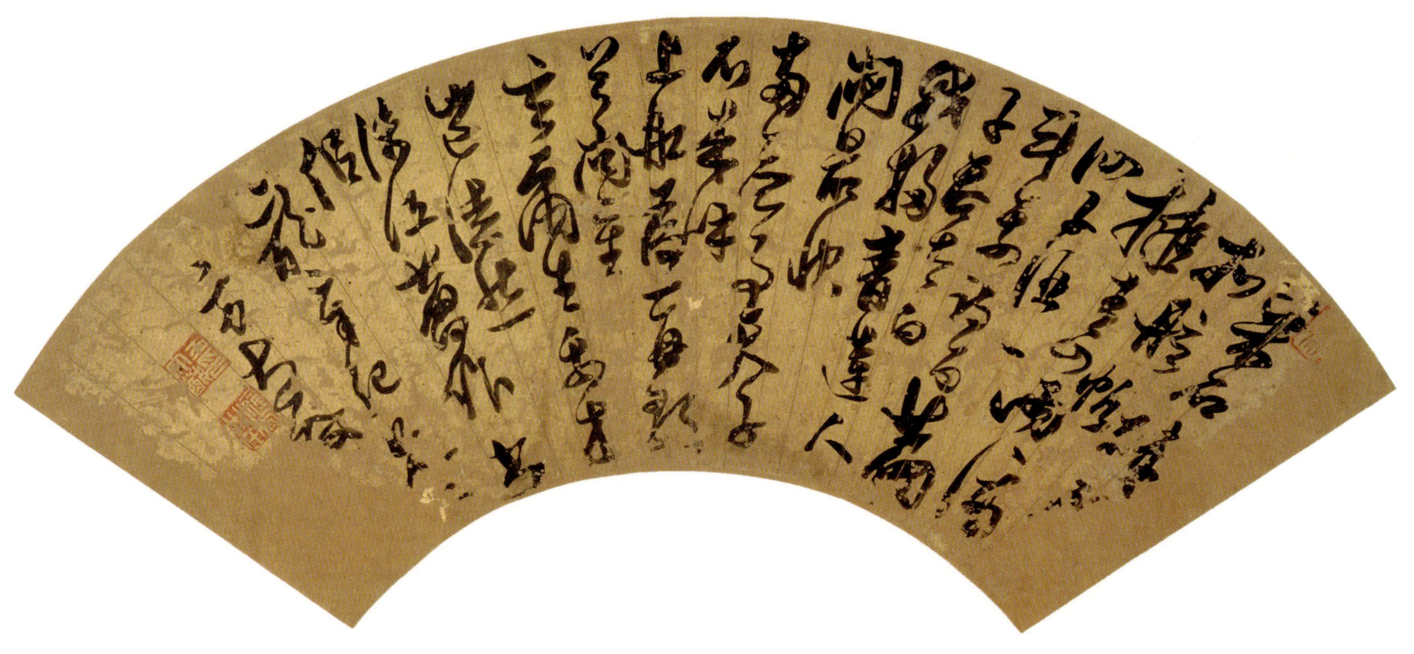

方大猷　草书诗文扇面　清代

纵 16 厘米，横 49 厘米

顾樵　顾超　水墨山水图扇面　清代

纵 51.5 厘米，横 17.5 厘米

姜筠　水墨山水图扇面　清代

纵 50.5 厘米，横 17.5 厘米

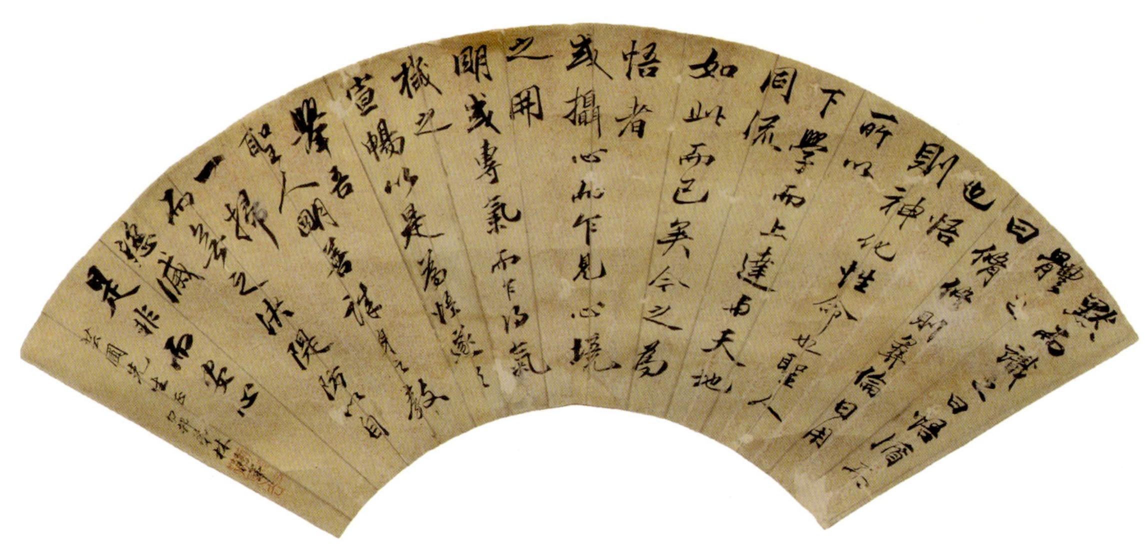

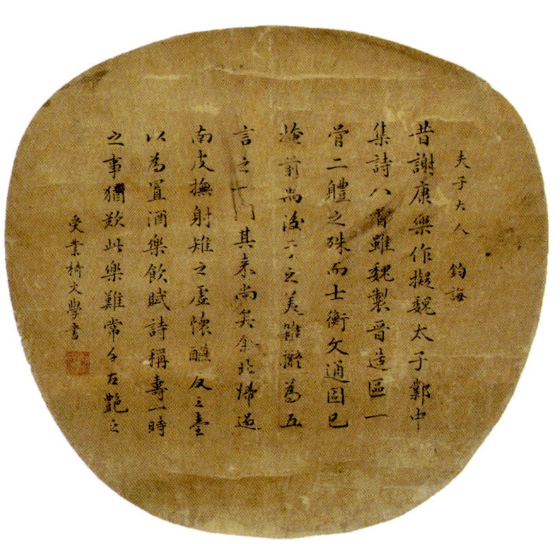

林鹤年　行书诗文扇面　清代

纵 17.5 厘米，横 52 厘米

蒋宦先 牡丹图扇面　清代

纵 51 厘米，横 17.5 厘米

蒋予检　墨兰图扇面　清代

纵 53 厘米，横 18.7 厘米

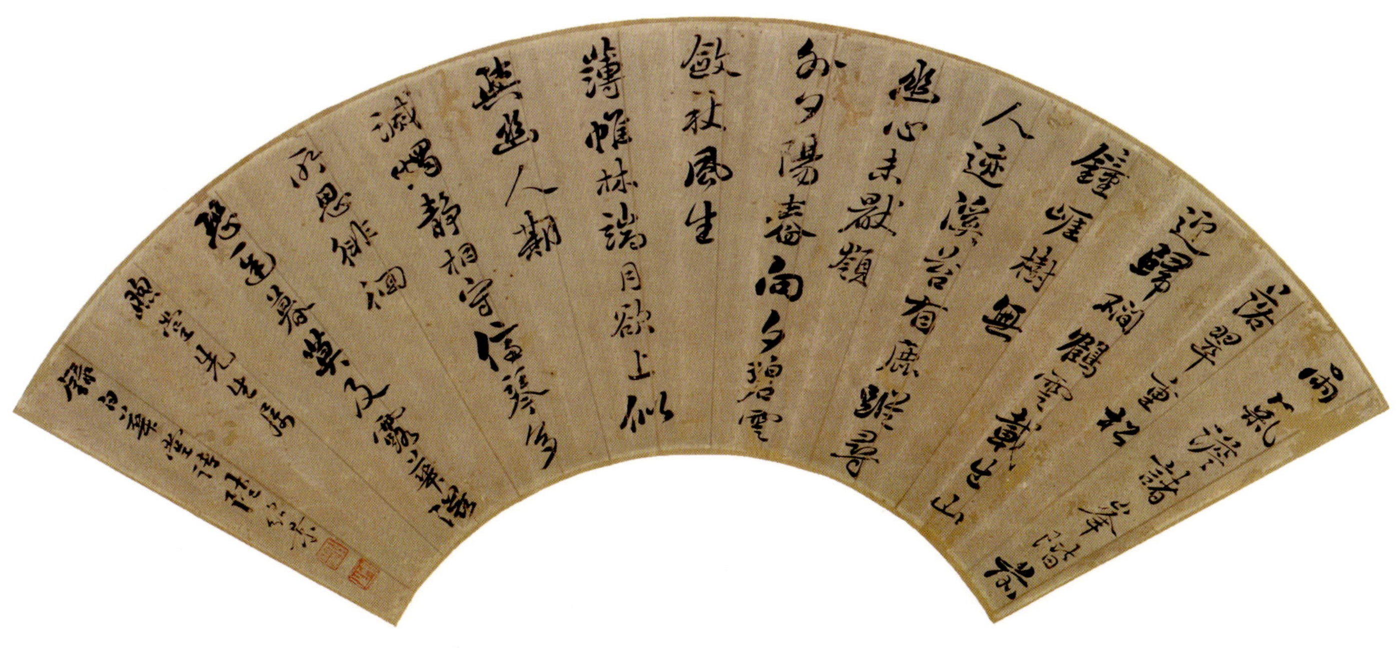

陆绍景　行书白华堂诗扇面　清代

纵 53.5 厘米，横 17 厘米

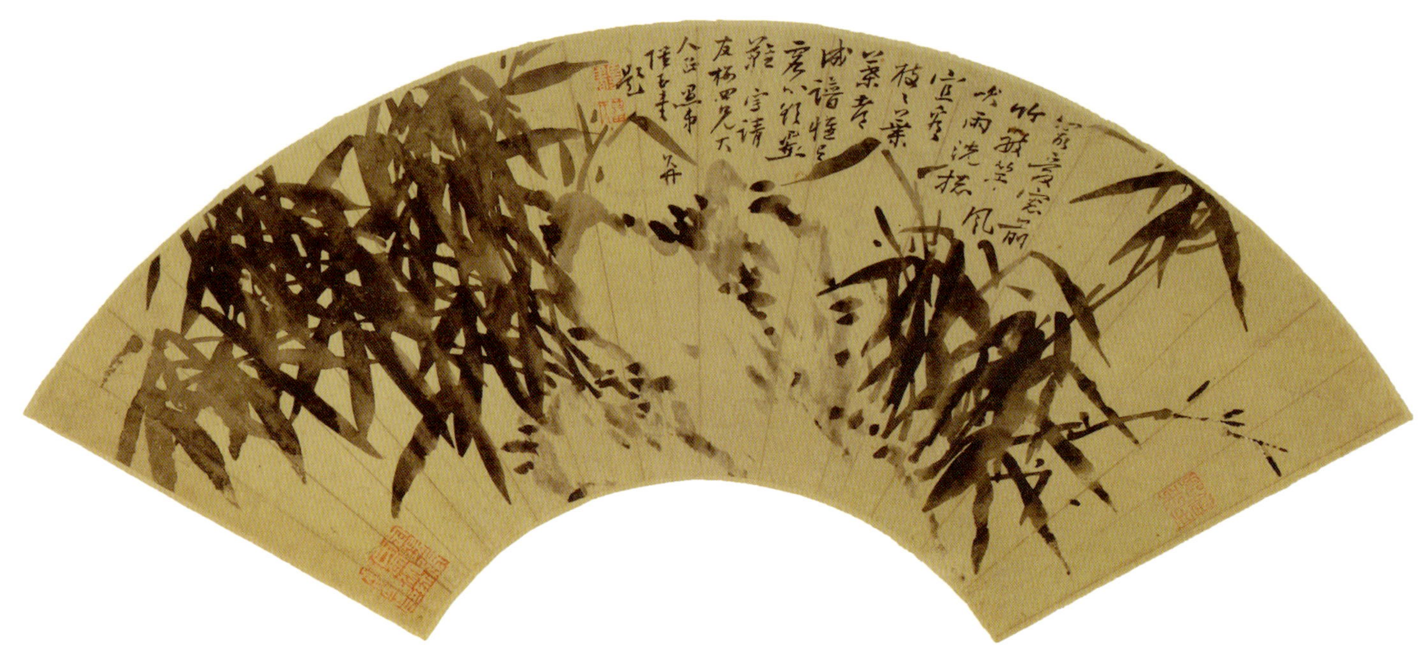

陆玉书　墨竹图扇面　清代

纵 53 厘米，横 18 厘米

马豫　竹石图扇面　清代

纵 53 厘米，横 17.5 厘米

钮嘉荫　山水图扇面　清代

纵 51 厘米，横 17.5 厘米

钱官俊　花卉图扇面　清代

纵 51 厘米，横 17.5 厘米

吴三省　山水图扇面　清代

纵 18 厘米，横 54.5 厘米

邵义棠　行书论书团扇　清代

直径 25.5 厘米

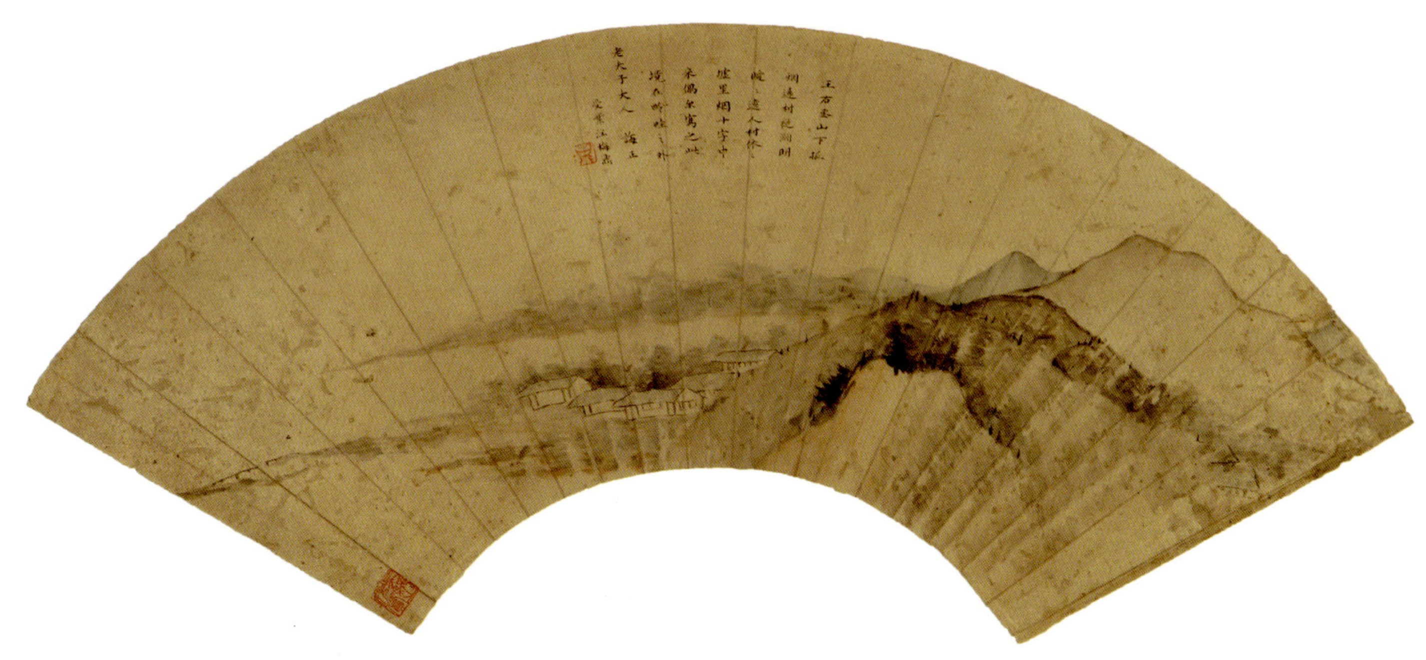

汪梅鼎　山水图扇面　清代

纵 16.5 厘米，横 50 厘米

徐松龛　行书诗文扇面　清代

纵 17.4 厘米，横 52 厘米

许佐清　山水图团扇　清代

直径 25.5 厘米

杨深秀　楷书书录《道德经》团扇　清代

直径 25.5 厘米

杨裕年　文姬归汉图扇面　清代

纵 18 厘米，横 52 厘米

佚名　青绿山水图扇面　清代

纵 19.5 厘米，横 54.5 厘米

佚名　山水图扇面　清代

纵 20 厘米，横 57.5 厘米

张敔　兰石图扇面　清代

纵 17 厘米，横 52.5 厘米

张迺耆　竹石图扇面　清代

纵 17 厘米，横 52 厘米

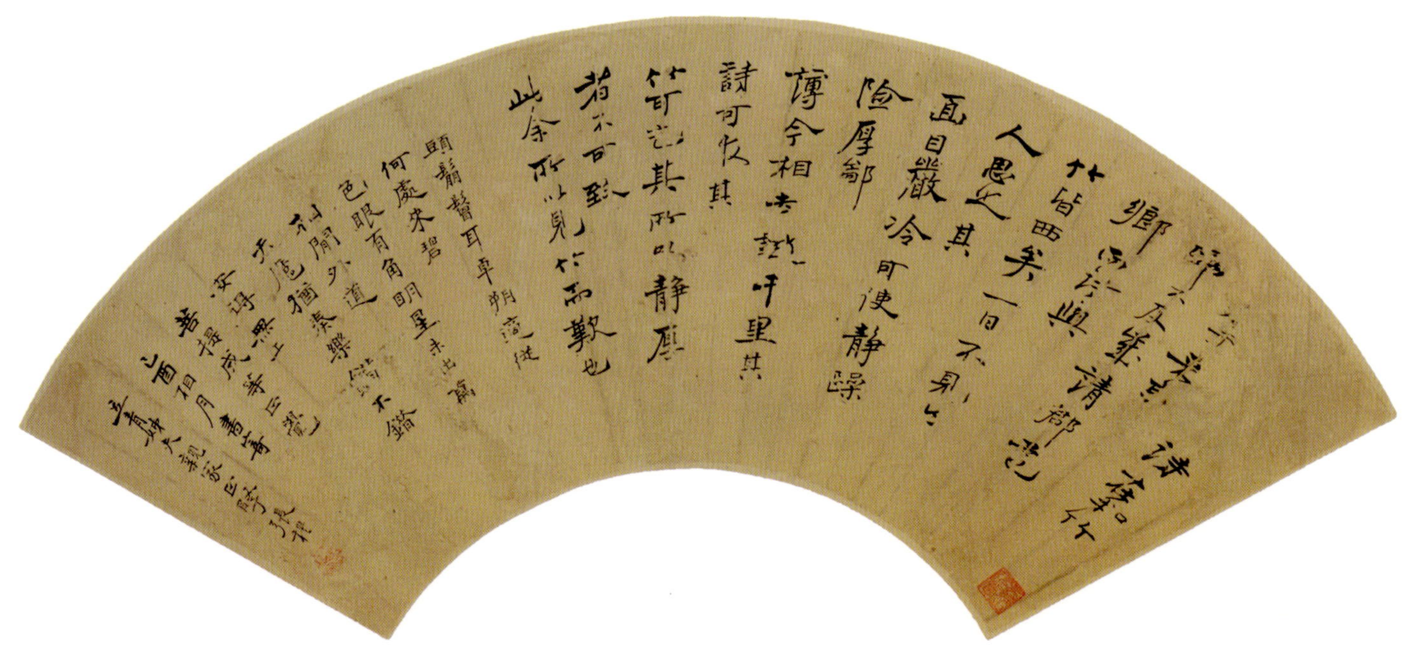

张穆　楷书论竹扇面　清代

纵 17 厘米，横 52 厘米

周棠　水墨山水图团扇　清代

纵 26 厘米，横 25.2 厘米

朱荣棣　隶书诗文团扇　清代

直径 26 厘米

邓涛　山水图团扇　清代

纵 24.5 厘米，横 25.5 厘米

张世准　墨梅图团扇　清代

直径 26 厘米

赵熙　行书诗文轴　民国

纵 124 厘米，横 25 厘米

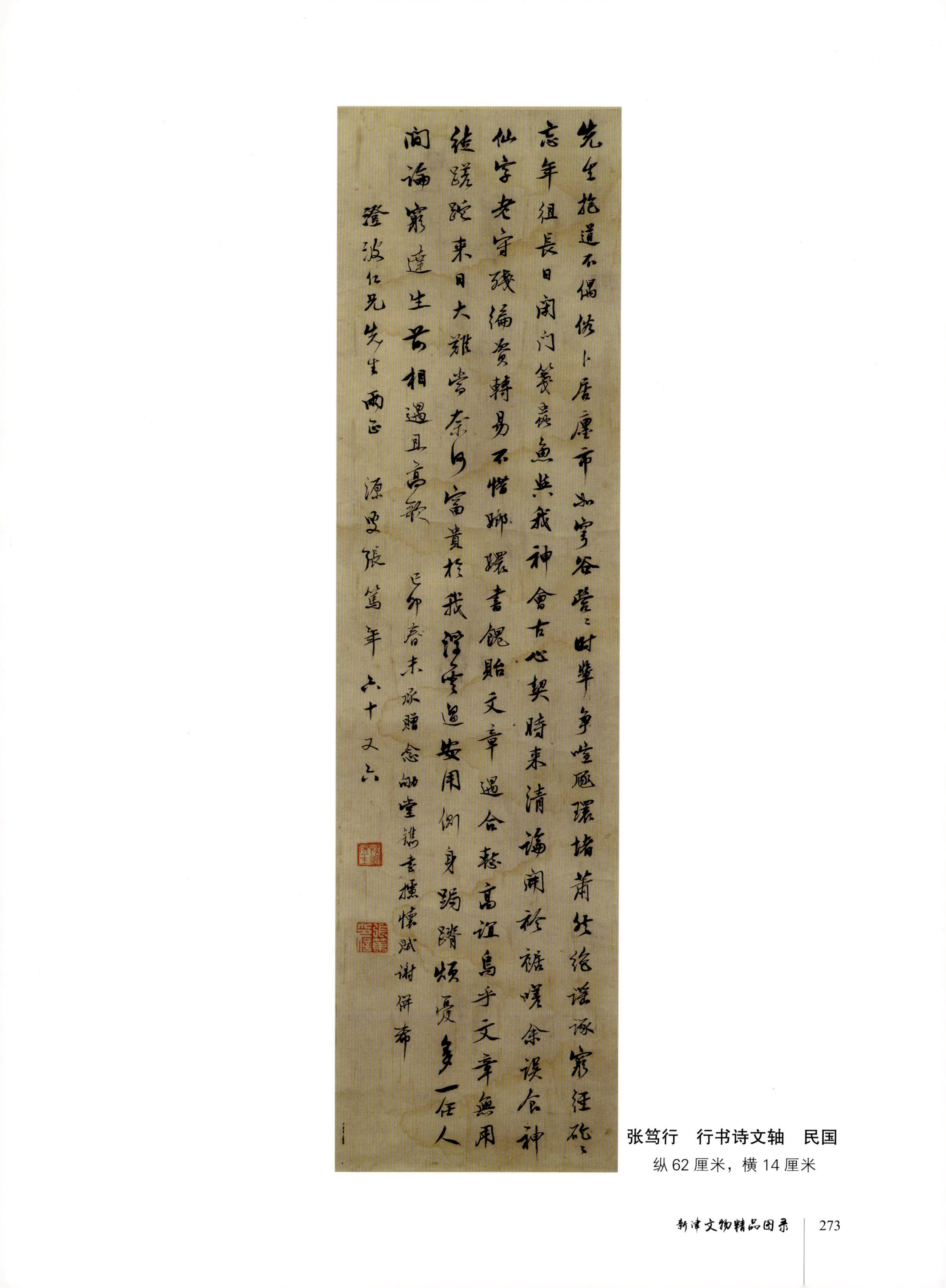

张笃行　行书诗文轴　民国

纵 62 厘米，横 14 厘米

董寿平　墨梅图轴　民国

纵 101 厘米，横 25 厘米

藹公　松竹高士图轴　民国

纵 73 厘米，横 26 厘米

颜绍堂　横推人物画　民国

纵 177 厘米，横 95.6 厘米

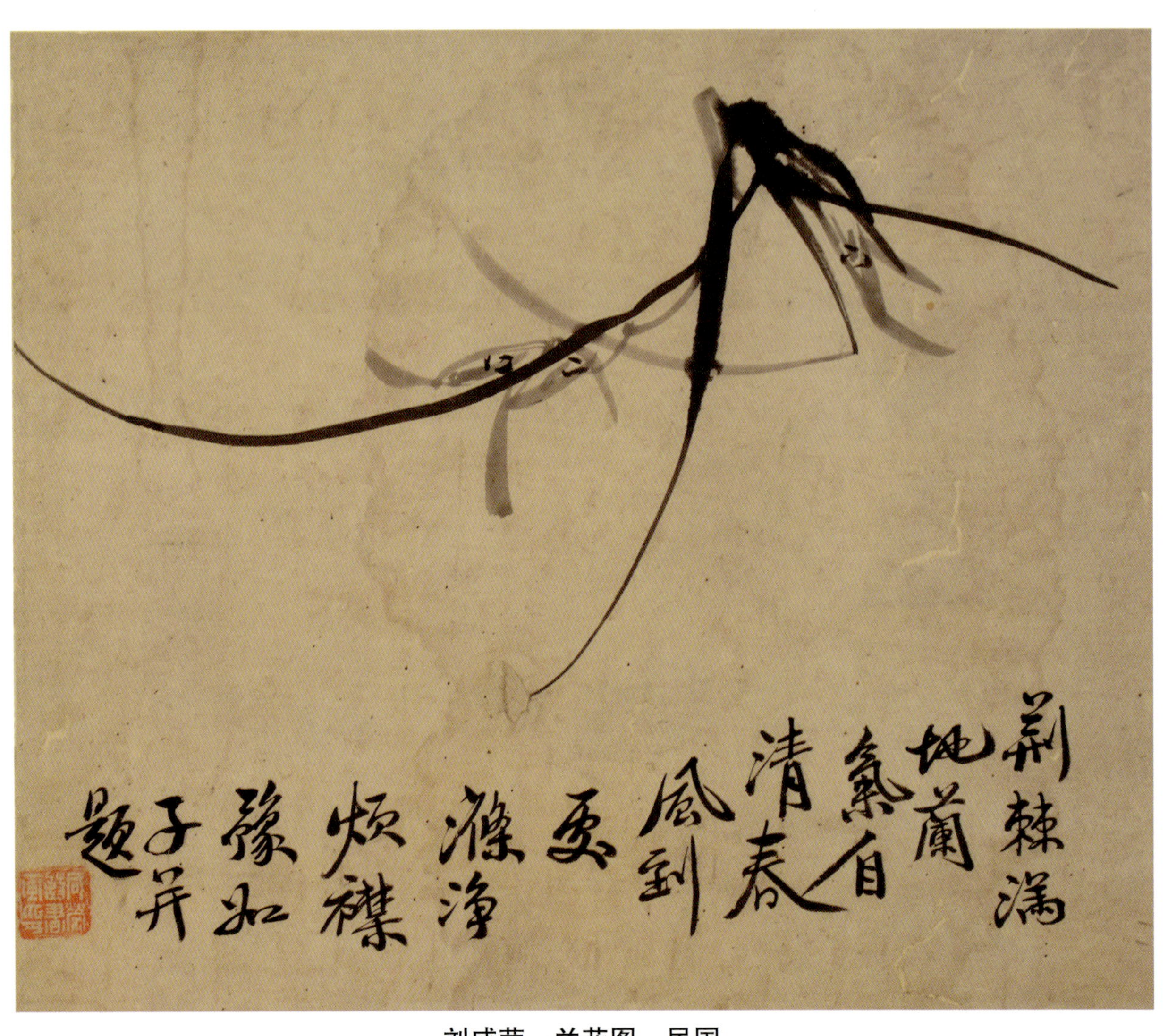

刘咸荥　兰花图　民国

纵 29.8 厘米，横 33.8 厘米

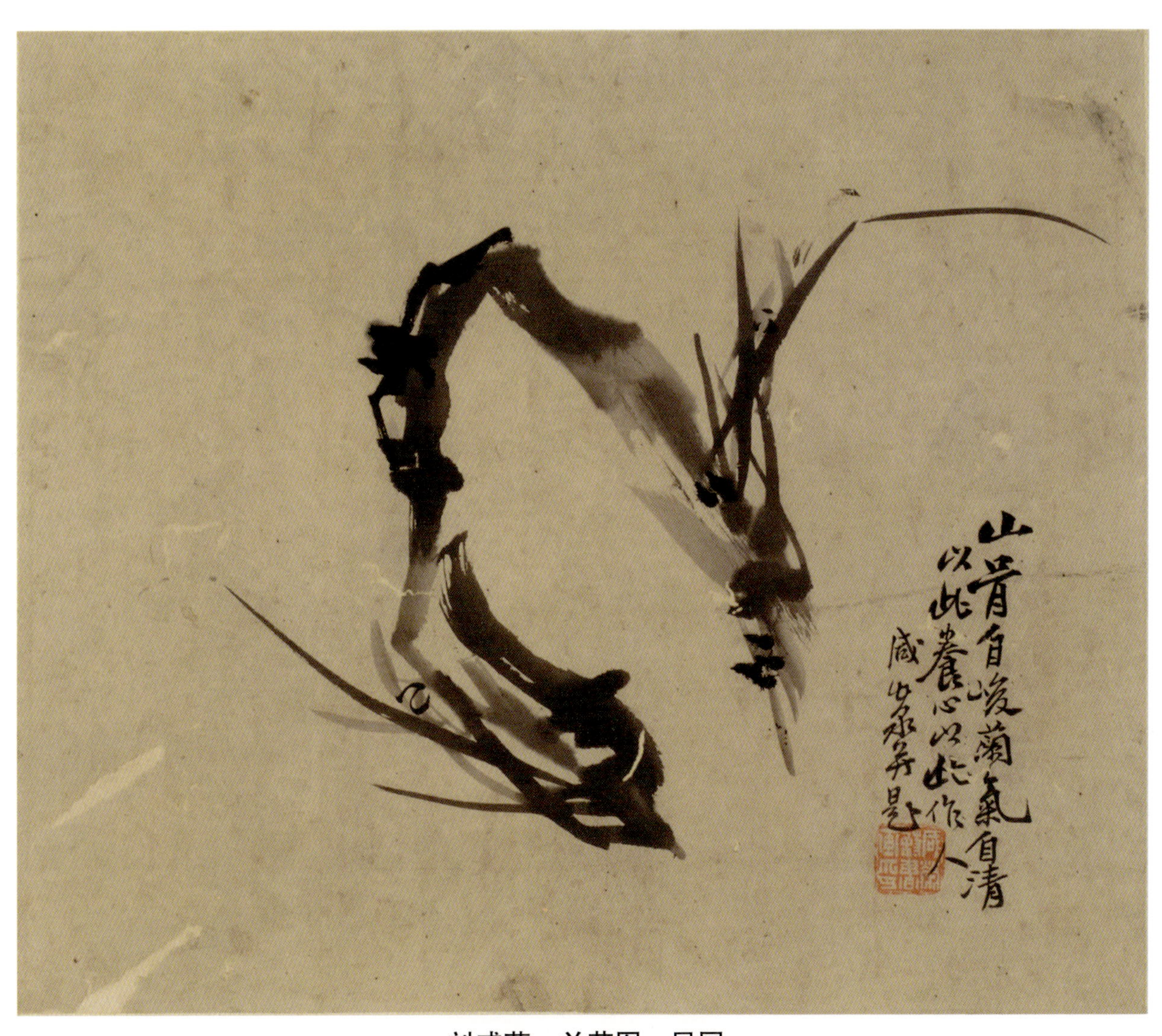

刘咸荥　兰花图　民国

纵 29.8 厘米，横 33.8 厘米

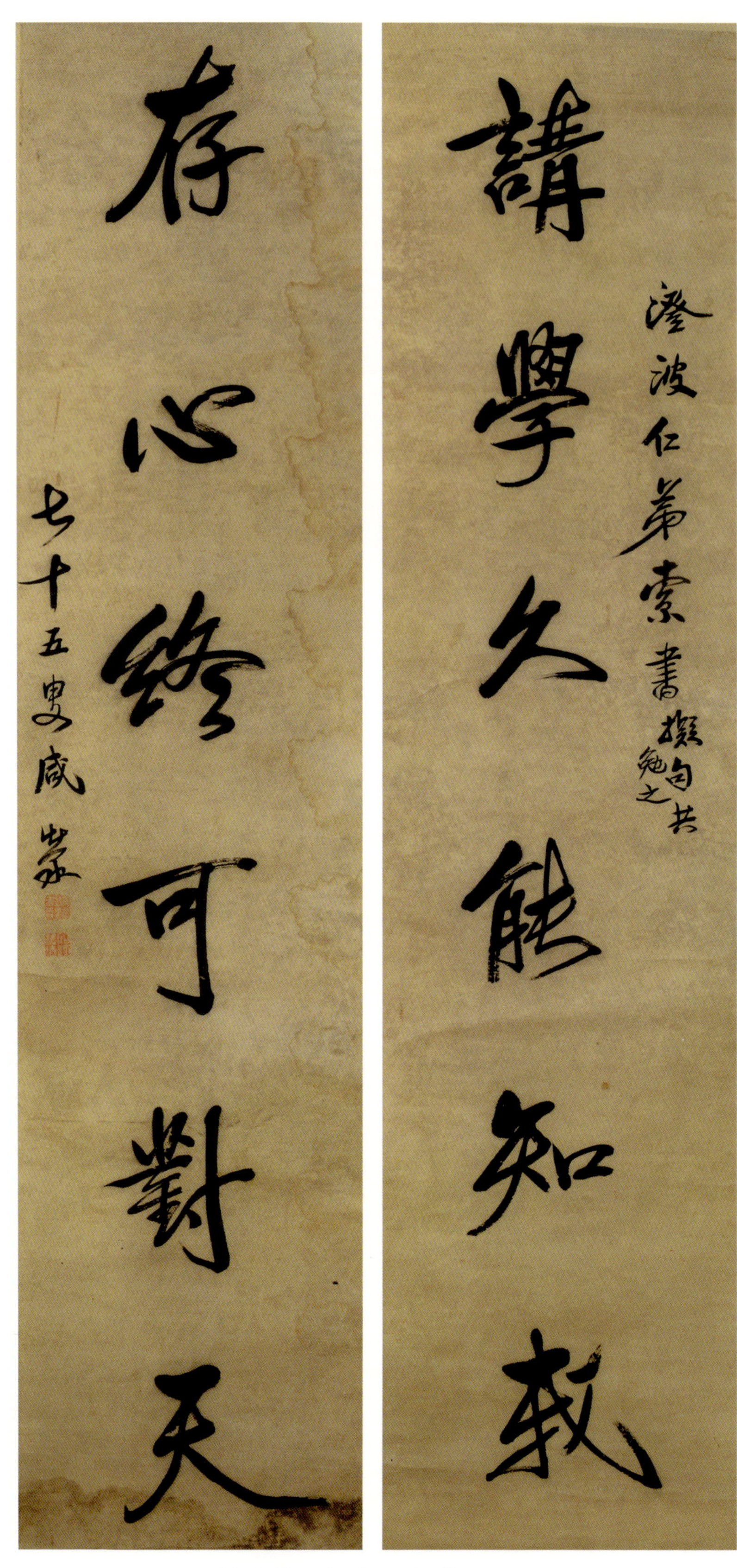

刘咸荥　行书六言联　民国

纵 131 厘米，横 29 厘米

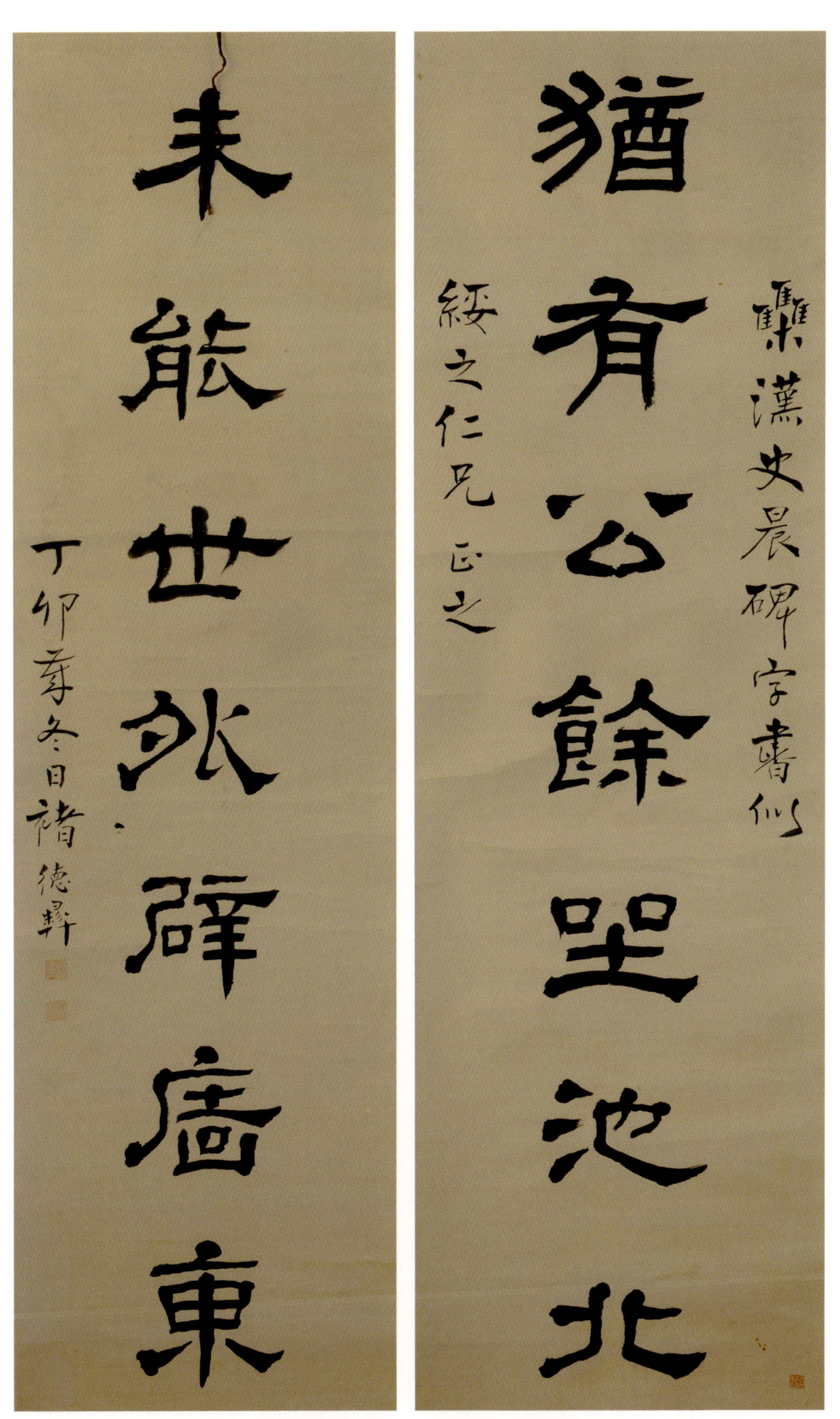

褚德彝　隶书七言联　民国

纵 146 厘米，横 38.5 厘米

辜培源

“松鹤遐龄”条幅　民国

纵 76.5 厘米，横 31.5 厘米

辜培源

“群仙祝寿”条幅　民国

纵 76.5 厘米，横 31.5 厘米

壶道人　行书七言诗轴

民国

纵 115 厘米，横 23 厘米

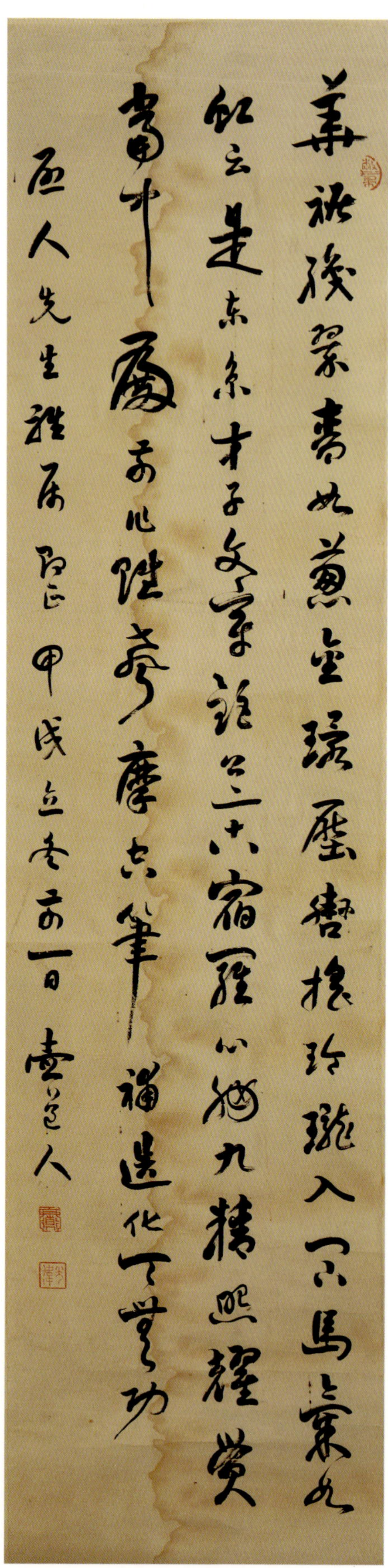

日本　双鹤图轴

纵 110 厘米，横 34 厘米

日本　冬晄鱼图轴

纵 112 厘米，横 56 厘米

日本　菊花恋水图轴

纵 110 厘米，横 35 厘米

日本　山水绒画

纵 119 厘米，横 27.3 厘米